日本人の死生観

五来　重

講談社学術文庫

日本人の死生観

五来　重

講談社学術文庫

目次

日本人の死生観

本書中の市町村名は、原本刊行時（一九九四年）のものです。

また、本文中で「現在」とある場合は、原本刊行時もしくは各論考の執筆された当時のことを指しています。

I

日本人の死生観

はじめに――菊と刀と鍬

従来、日本人の死生観というと、すぐハラキリが出てきたり、殉死《じゅんし》が出てきたり、『葉隠《はがくれ》』が出てきたりというような、武士道的死生観というものに限定しているように思うのです。これは日本人をいわゆる「菊と刀」だけできっているようなものです。菊に象徴された貴族文化、王朝文化もたしかにりっぱなものだと思いますし、また武家文化というものも、いわゆる騎士道的な、世界に誇るべきものだと思いますが、もう一つひじょうに大きなものを従来の日本人論、あるいは日本人の精神構造のなかで残していると思います。それは庶民の持っている思想、宗教、あるいは人生観、死生観のようなものであろうと思います。それで私は菊と刀と鍬《くわ》と並べて、やはり鍬も入れていただかないと日本人論にならないのではないか、その鍬を持っている人々の、死生観はいったいどういうものがあるかということを考えてみたいわけです。

従来、死生観を考えるうえで、いわゆる武士的なものは道徳としてとらえられていると思うのですが、生と死の問題はもっと別な、宗教という面でとらえなければならないと思うのです。

武士においては、武士団を維持する、一つの道徳が必要である。同時に武士団という一つの集団のなかでは個というものは没却されるものですから、いつも自己犠牲的な死生観を持たなければならない。いわゆる名を惜しむとか、あるいは家を残すという意味で、死がいつも考えられている。

とくに武士の場合には、戦場において戦闘に勝たなければならないということがあり、そういう必要の生んだ一つの道徳でもある。日本人を世界に印象づけております特攻隊とか、三島由紀夫の事件（昭和四十五年自衛隊市ケ谷駐屯地で割腹自殺した事件）も、そうした観点のなかでとらえられる。あるいは楠木正成《くすのきまさしげ》の七生報国《しちしょうほうこく》という死生観、また世界をびっくりさせた日本赤軍派というようなものが、いったいなぜ起こってくるかということも考えなければならない。

単なる武士道とか武士の道徳的なもの以上の、もっと深いところから解釈すべきではないかというのが、これから述べたい日本人の死生観の問題です。

いちおう四つほどに分けて話します。一つは日本人の霊魂観の問題。人間が死んでから、霊魂はいったいどうなるのであろうかということがあり、そこに死生観の根本、あるいは日本人の宗教の根本が根ざしている。

いま宗教というと、近代宗教、現代宗教では、死んだ人のためのものじゃない、生きているもののためだといいますけれども、生きているものはいつかは死ぬのです。いわゆるモータル（死をまぬがれない）としての現代人ですから、いつでもそこに死をかまえた現代宗教というものがあってしかるべきだと思います。日本人を考える場合、とくに庶民を考える場合には、そうした霊魂の観念は、意外にわれわれの常識と違ったものをもっている。そういうところから、靖国《やすくに》神社の問題も考えなければならないと思うのです。

それから、その霊魂のいく世界です。宗教学でダス・エーンザイト（Das Jenseit）「他界」と呼んでいるものから日本人の死後観、あるいは死んでのちの生活の問題も考えるべきではないか。そういたしますと、日本で浄土教が庶民のなかに受け入れられてきた精神的基盤も明らかにされる。浄土思想というべきものは『阿弥陀経』ができて、中国へ伝わって、曇鸞《どんらん》・道綽《どうしゃく》・善導《ぜんどう》を経て、日本へ来たものだけではないので、やはり日本人が死んでからどうなるかという問題をもとにして、それを仏教的にモディファイしたものというふうに考えられると思います。浄土思想にインドや中国と違った別のものが出てくる理由がやはりわかる。

それからもう一つは、これは世界中どこでもそうですけれども、死んだら死んだきりではない、霊魂は不滅であるという問題がある。それと同時に、死んだものがよみがえるという、再生、復活の信仰が、日本人の死生観に大きな影響をもっている。とくに庶民の宗教のなかに、再生信仰というものはひじょうに大きな影を投げている。

第四として、日本人の罪業観《ざいごうかん》をもとにして、罪業を償うための、私は「贖罪死《しょくざいし》」と名づけておりますけれども、贖罪のための死があります。それが他動的に行なわれたときには、人身供犠《じんしんくぎ》、人身御供《ひとみごくう》というものになってあらわれます。兵隊が赤紙一枚で戦場に赴いていったことの基盤には、この贖罪死とか人身供犠の問題がひそんでいるのではないかと考えるわけです。これが庶民信仰のうえでも、いろいろと問題を投げかけています。

この四つくらいに分けて、日本人の死生観のいちばん基礎的な構造をみていきたいと思います。

日本人の霊魂観

第一の霊魂観ですが、日本人の場合、霊魂と肉体と二つに分けて、死というものは霊魂と肉体との分離と考えます。その霊魂というものは、生きているものにとっては意外に恐ろしいものであるということから出発しなければならないと思うのです。現代的な意味では、亡くなった霊に対する悼《いた》みと懐かしみ、肉親の場合にはなおさらそれがあるのですが、古代、あるいは庶民の場合には、集団のなかのひとりの死というようにとらえます。そうしますと、集団にとってあるひとりの死というものは、単なる懐かしさとか感情的なものでなくて、恐ろしい災害のもとになる、いわゆる荒魂《あらみたま》ということばで呼ばれる存在になるわけです。

戦争中には、荒魂と和魂《にぎみたま》ということがいわれて、和魂は八紘一宇《はっこういちう》のいつくしみをもつ天照《あまてらす》大神《おおみかみ》や天皇のいつくしみである。荒魂は、悪いものを討ち滅ぼす魂であるといわれましたが、近ごろでは、新しい魂、死んでまだ十分熟さない魂であり、その新魂《あらみたま》はすなわち荒々しい御魂である、と解釈されています。新しい魂ほど祟《たた》りやすく、また生前果たせなかった場所まで行って、そこへはいり込んで、六条御息所《ろくじょうみやすどころ》の生霊《いきみたま》みたいに自分の恨みをはらしていく。そうした働きを荒魂に認めている。

ところが、そういう荒魂はいつまでもそのままあるのではなくて、自然と浄化され、あるいは昇華《しょうか》していく。霊魂のサブリメーション（sublimation）といっていいようなものが、日本人の霊魂観、死後観にあると思うのです。そして浄化する手段は、やはり宗教なのです。宗教的実践にあるわけです。それがしだいに浄化されて和魂になる、いわゆる熟してくる。私は「和」だけでなくて、「熟」もあてたほうがいいかと思うんです。そしてそれはゴッドと呼ばれるような神になる。霊から神へというのが、日本人の死後の霊魂のとらえ方であった。

そういう霊肉の分離から霊魂の昇華ということを考えさせるものが、日本人の墓制とか葬制です。その墓制、葬制をとおして日本人の死後観というものを少しみてみたいと思うのですが、それもありふれたことでなく、沖縄のほうで注目されているような水葬の問題、ある

鳥辺野の風葬（『餓鬼草紙』）

いは風葬というような問題を取りあげてみたい。

水葬の場合も、風葬の場合も、死者の霊は荒々しい霊ですから、それを封鎖することがやはり葬制、墓制の根本になります。風葬の場合には殯《もがり》を営むわけですが、例の高松塚古墳の場合でも、殯ということばがたびたび使われるようになってきましたが、日本の庶民の場合は、大陸から渡ってきた高塚墳のような墓を営むことは少なかった。

かりに土に埋めたとしても、浅い埋め方をしますし、そういう埋葬形式をとらないで、洞窟あるいは野原に風葬されるという事例がひじょうに多い。中世になっても、鳥辺野《とりべの》の光景を描いた『餓鬼《がき》草紙』には、風葬で、ござの上に乗せられたまま、あるいは棺のなかに入れられたままで地上に置かれている。これは、日本人が

洋傘をさした青山型殯（和歌山県橋本市）

肉体を厭うことのはなはだしい民族で、その肉体を早く消滅させて、肉体が消滅すれば霊魂は浄化する、きたない腐敗していく肉体が存在すると霊魂は浄化されない、とかんがえていたからで、早く浄化させるためには、水に流してしまうか、あるいは風化させてしまうかの、二つの手段をとっていたのです。

この風葬と殯と結合して、死体を最初地上に置いた場合に、そのまわりに常磐木《ときわぎ》を立てて、それを隠すという葬法ができる。現在では、埋葬した上に常磐木を立てて、盛土で覆ってしまうというのがある。これは青い柴で垣根を作って、そのなかに封鎖するという意味で、青柴垣《あおふしがき》（蒼柴籬）とか、あるいは青山《あおやま》などと呼ばれているもので、殯の分類のなかでいちばん古い形は、死体を地上へ置いたら、そのまわりに枝をさしたのだろうと考えられます。『日本書紀』でもだいたい文武天皇までは殯の記事が必ずありますが、その様式は実はあまりはっきりしておりません。

火葬するようになってからも、同じような形で行なわれたとみえて、後一条天皇の葬送のありさまが『中右記《ちゅうゆうき》』に書かれており、これに加えて平安時代の天皇方、あるいは内親王などの葬式を記録した『類聚雑例《るいじゅうざつれい》』を見ますと、そのころになると、常磐木も使ったようですけれども、青柴垣より竹、切掛けというのを使っております。これは竹や木の枝を全部はらわないで、少し残してはらう。そうして枝を切りかけたものを、棺のまわりに立てる。それも内垣と外垣と二重に立てるというような形が残っております。

現在モンガリ、あるいはモガラダケと呼んでいるのは、竹の枝を約三センチないし六センチ残して切ったもので、ちょうど枝の出ているところが洗濯物をかけるのに都合がいいものですから、以前はアパートの前などにたくさん立っておりました。あれは昔はたいへんに嫌ったもので、紺の染物をする紺屋《こうや》さん以外には絶対使ってはいけなかった。紺屋さんだけは、それを使うことを認められていたということもあります。しゅうとめさんのいるところで、三本の棒のサンギッチョ――これも殯の一つの形式ですが、サンギッチョを二本立てて、ちょうど叉銃《さじゅう》をした上に旗竿を置くみたいに洗濯竿を置いてかけたら、戦前だとたちまち嫁さんは追い出されたと思います。モガラダケを作って干したら、こんな不吉なことをする嫁は出て行けということになったと思うのです。

モガラダケ（京都市左京区）

石清水八幡宮「青山祭」の祭場（京都府八幡市）

そういうものは、かつては枝の繁ったものを立てたことから変わってきた。これは、最初述べたように、日本人が死体を穢《けが》れとしてひじょうに嫌う、と同時に、霊魂をそのなかに封鎖してしまう。たとえば社の森のなかに荒神《こうじん》さんを封鎖してしまうことなどは、その残存と考えることが、いちばん妥当だと思うのです。なおいえば、神葬祭の玉串《たまぐし》奉奠《ほうてん》のときに、一五センチくらいの榊《さかき》の枝に白い紙をつけて神官から授かり、根元のほうを先にして置きますが、あれもともとはそのまま地上に挿してくることがいわゆる青柴垣であり、また青山《あおやま》を営むことであった。

この荒魂を封鎖する青山を現在いちばんよく見ることができるのは、京都の石清水八幡宮《いわしみずはちまんぐう》です。石清水八幡宮は怨魂を鎮める社だったのですが、天慶八年（九四五）ごろに西国のほうから設楽《しだら》神という疫神《えきじん》の祭が伝わってきて、どんどん疫神を追って石清水まで来て、そこで祭をしたという伝説、これは『史官記』に書いてありますが、その設楽神送りがもとになって、現在では正月十九日に青山祭《あおやまさい》、あるいは疫神祭《えきじんさい》としてやっています。先述したような青山を営んでいたのが、いまではアオキを立てて神霊を祭っていますが、やはりかつての青山の殯の形をあらわしたものです。

そういうふうにして封鎖するものを水葬でした場合が、出雲美保《みほ》神社の蒼柴籬神事になるので、いまなお蒼柴籬神事といえば、天孫降臨に先立って国譲りを求めて武甕槌神《たけみかづちのかみ》、経津主神《ふつぬしのかみ》のふたりの神さまが地上に降りてきて、それを受けて大国主神《おおくにぬしのかみ》が息子に相談しましょうといって事代主神《ことしろぬしのかみ》に相談したところが、事代主神は譲ってしかるべきであるといって、船のふちを踏んで蒼柴籬のなかに隠れたという話になっています。けれども、現在、神社では、二隻の船を結んで、その上に神座を作って祭典を営むだけになってしまったものですから、水葬として書くと、神社からだいぶん叱られたのではないかと思います。そういう神道的な解釈とはだいぶん違ったものが、こういうところに出てくる。

美保神社「蒼柴籬神事」の御船（島根県美保関町）

霊の供養①——水葬の場合——

くわしくいうと、いろいろな問題が出てきますから、ただ水葬が日本人の霊魂の処理手段としてあったということだけ述べておきます。補陀落渡海《ふだらくとかい》というものがあります。

これは『熊野年代記』などによりますと、熊野の那智の浜ノ宮にあった補陀洛寺の住職を水葬した習俗ですが、臨終になると、船に乗せて海に放ちゃる。そうすると、南方海中にあるフダラク、あるいはポータラカという観音の霊場に行きつくとある。のちになりますと、狂信的な行者が観音の霊場に行きつくことを目的にして、生きながらにして三十日の食糧を積んで船出して行ったものもあるということになりますけれども、だいたい水葬という、船に死体を乗せて流してやる習俗がこういう形になった。

神話でみてみると、蛭子《ひるこ》というものがあります。これは葦の船に乗せて流してやったということなのですが、水辺に生える葦をたばねて、人形《ひとがた》の神葭《みよし》をつくり、これを流す神事が尾張の津島《つしま》神社などに残っています。これは牛頭《ごず》天王で、やはり怨霊《おんりょう》です。したがって、京都の祇園社も御霊会《ごりょうえ》を行なっているわけですけれども、こういう蛭子の葦船は、かつては水辺にある葭、葦を船にして水葬したことの痕跡だろうと思われます。

もちろん蛭子というのは、のちに豊漁の神であるエビスという名まえになりますが、海岸の人々の間では、水死人が漂流しているのを「エビスさま」といって、これを揚げるとひじょうに豊漁になるという信仰が残っております。流れている死体をきたないからといって見逃すことは、死者に対しても気の毒ですが、日本の船びとたちは必ずこれを引き揚げる。どれだけ腐乱していても必ず揚げる。艫《とも》の左のほうから揚げるという習俗まででております。そして漁を休んででもそれをもって帰って葬ってやる。そうすると、そのかわりにひじょうに豊漁が約束されるということです。

余談になりますけれども、北海道へ行きますと、円空という僧の作った仏像がたいそう多いのですが、これは海岸地帯に分布しており、漂流しているのを拾って豊漁の神として祭ったといわれておりますので、私は、船びとの海難者の供養のためにつくったものと考えています。

その一つの証拠に、北海道の西海岸地帯に分布する円空仏というのは、手を組んだ上に必ず蓮台を持っております。この蓮台を持った様式の観音像は、ふつうの図像にぜんぜんない。しかし、絵画としては高野山の二十五菩薩来迎図《らいごう》の、来迎にまいった観音はこの蓮台をもっている。それから、「来迎和讃」には、観音は必ず蓮台をもって往生者を迎えにくるということがある。観音が蓮台を傾けると、死者はそれに乗って、弥陀のうしろについてあの世へいくということです。それから奈良の当麻寺《たいま》の二十五菩薩の練供養《ねりくよう》を見ましても、観音は必ず蓮台を持って、左右に揺りながら娑婆堂《しゃば》へ出てきます。ここでは帰りには往生者として中将姫《ちゅうじょうひめ》の像を乗せて浄土堂へ帰っていくというようなことをします。この様式は来迎の観音のみに見られるもので、私は来迎観音と名づけています。

円空の作った仏像も、これは供養仏としてであることがわかります。海上を漂流しているものを拾ったというのが多いのは、海難者の供養のために流したからで、これが拾われてご神体に多くなっているのです。これはとくに江差の町からはるかに見えております奥尻の島へ行く途中あたりでよく拾ったという伝説がありまして、死者の供養のために流したのを、よその船が拾いますとひじょうにだいじに持って帰って、神社をつくって豊漁の神さまとしてまつる。

観音さんですけれども、北海道西海岸ではこれがみなご神体なのです。実は以前、朝日新聞社の主催で開いた「円空・木喰《もくじき》展」のために、北海道へ出品依頼に行ったことがありますが、どこからも送って来ない。ご神体だからです。そういうようにエビスとよばれる水死者と豊漁の神さまというのは、漁師たちの信仰のなかでは一つのものであるということを考えませんと、理論としての神仏習合と神仏分離といっても、それは末節なんです。もっと奥に、死者を媒介項として神も仏もみな一つのものとして受け取っている日本人の死後観、霊魂観、死生観をみておかないと、日本人の精神構造はほんとうに把握できない。

このようにかつて水葬というものがあり、それがしだいに屈折して、やがて死者の供養のために仏像や印仏《いんぶつ》を流すようになった。多くは、お地蔵さんを刷った刷り札を千枚流すとか、あるいは時宗の賦算《ふさん》の名号札を流すとかいうことが行なわれております。だから、かつては死者を流し、そしてまたこれをあるところで救いあげて葬る、というようなことが行なわれていたことを想像させるのです。

いまは、亡くなった人を流したら、その付近がきたなくなると考えるでしょうが、奈良時代以前では人口が稀薄ですから、あまり苦にならなかったろうと思われる。いわんや、現在われわれのみる原始宗教というものはもっともっと古い時代で、そのころにできた死生観が、これだけ人口が多くなっても、依然として庶民の心の底にあって、その宗教観を規定しているわけです。

これは中世の例ですが、志摩に国府（三重県志摩郡阿児町）という村があります。志摩の国府のあったところですけれども、そこを流れている川を棺流川《がんながれ》といっております。この川には棺を流したとみえまして、川口の砂洲から人骨がたくさん出るものですから、東京大学の鈴木尚さんが調べて、だいたい鎌倉時代くらいの人骨であるといっておりました。そうしますと、志摩では中世にも水葬が行なわれていたと考えられる。

それから京都の例で、これはたとえ話のようにいわれておりますけれども、本願寺三代の覚如《かくによ》の書いた『改邪鈔《がいじやしょう》』で、親鸞《しんらん》聖人は「某《それがし》閉眼せば賀茂河にいれて魚《うお》に与ふべし」、自分が眼を閉じたのちには、賀茂川に捨てて魚のえさにしてほしいといい残したということをいっている。平安時代には、疫病があると、賀茂の河原に死者を持って行く。たしか承和九年（八四二）、弘法大師が死んでから間もなくのころに疫病があって、賀茂の河原の骸骨を集めたら五千五百あったということが『続日本後紀《しょくにほんこうき》』にも出ておりますけれども、川が死者を葬る場所であったことは、京都においても考えられる。

また、吉野川の上流地方では、川の砂洲に墓をつくることが多くて、洪水になるとその墓が流れてしまう。棺も上の飾りも流れて、白骨も流れてしまう。あるいは、白骨が散乱している状態で、またつぎにそこへ墓をつくる。日高川も同じことです。日高川の場合は、印南高校の野田三郎氏がその事実を報告しております。

　それから十津川《とつがわ》も同じことです。十津川の上流は天川《てんかわ》村ですが、その天川から大塔《おおとう》村にかけて民俗調査をやりました宮本常一さんの『奥吉野民俗採訪録』があります。それには、自分はここでは水葬するということを聞いたけれども、あまり突然で不思議だから、あとから来る人はもういっぺん調べてほしいと、わざわざ註をつけているのです。それくらい、ひじょうに不思議なことが伝承のなかではまだとらえられる。

　実は熊野信仰というものも、かつて私は、熊野は死者の国だと書いたことがありますが（『熊野詣』、一九六七年、淡交新社）、熊野詣の山道では死んだ人の霊に会うことができる。四国八十八ヵ所をお詣りしていると、弘法大師に会えるという話と同じように、ひょっと見たら、三年前に死んだ人だったという話が山中の怪としてよく語られている。なつかしいと思って、よく考えてみたら、あれは三年前に死んだ人だったというようなことが伝えられております。熊野はそういうところであり、また同時に鳥をもって神聖なる鳥とする理由も、熊野に古墳がほとんど発見されていないという事実も、ここが風葬の卓越したところ、あるいは水葬の卓越したところであったということが考えられるわけです。

　熊野信仰のもとになるのは、いうまでもなく伊弉冉尊《いざなみのみこと》の墓が熊野の有馬《ありま》村の「花ノ窟《いわや》」にあったことから出発している。同時にいまの水葬の問題からいうと、熊野本宮の旧社地は、上流から流れてくるものがなんでも流れ寄る場所です。そこは十津川がずっと流れて来て熊野川になり、岩田川と音無川《おとなしがわ》の三つの川が合流する渦巻く場所であって、その堆積物によってできた中洲が熊野本宮の旧社地です。明治二十二、三年ごろに大洪水があって、流失はしなかったのですが、社殿は屋根まで水につかってしまった。現在の熊野本宮というのは、それから上の台地に移したのです。熊野新宮も、上流から来たものがなんでも流れ寄る場所だそうです。

そういうことからいいますと、熊野信仰にただよっている死の影というのも、上流の水葬というものを考えざるをえない面もあるわけです。これはただ推定としていっているのですが、やはり川にも海にも死者を流し、そしてのちに述べるように、その流された死者の霊が集まる世界というもの、日本人の場合、やはり海上の他界ができてくる。中国の蓬莱《ほうらい》というべきものにあたるものが、理想郷としても、あるいは死者が行ったり来たりするような場所としても、海上の他界というものができてくる。そのもとになるのがやはり水葬だろうと思います。

水葬の痕跡というのは、例をあげるとひじょうにたくさんあります。平安京の神泉苑《しんせんえん》も水葬の場所であったことが、九条兼実の日記『玉葉《ぎょくよう》』に出てきます。神泉苑というのは、単に天皇の遊猟の地とだけ考えることはできない。九条兼実は、近ごろ神泉苑に死体がたくさん浮いているので、雨乞いができなくなったとその日記に書いています。兼実の日記に出てくることですから、これは信じていいことだと思います。また、奈良の猿沢の池にも、たくさん問題があります。

霊の供養②――風葬の場合――

次に風葬ですが、羅城門《らしょうもん》の上に死んだ人が置かれていたという『今昔物語』の話というものは、風葬を考えなければ理解できない。元来、風葬というのは、日本人の場合は、できるだけ高いところに死体を持って行って置くということがあります。したがって、埋葬が行なわれるようになっても、高いところ、高いところへ墓を営む。そこから山上の高いところに死者の霊が集まるという信仰が出てきて、山の上に霊場ができるようになってくる。京都の高雄《たかお》も、もとは石清水《いわしみず》の近くにあった神願寺が、和気広世《わけのひろよ》のときに高雄に移り、和気氏の氏寺になる。これはもちろん延暦十八年（七九九）に清麻呂が亡くなり、そこへ葬ったからです。

高雄へ行きますとたいてい、紅葉を見て、金堂と多宝塔を見、地蔵院へ行ってかわらけを投げて帰りますけれども、実は本堂の上のいちばん高いところが清麻呂の墓です。登れば近くですが、そこに高雄の信仰の発祥があり、その清麻呂の霊を鎮めるために法華会《ほっけえ》が行なわれる。法華会とか蓮華会《れんげえ》は怨霊のためのもので、ちょうど船岡の北に墓地があり、現在では大徳寺や今宮《いまみや》神社になりましたが、船岡と紫野の怨霊の祭が「やすらい祭」になる。そしてやすらい祭と同じ日に高雄の法華会が行なわれる。これは昔からよく知られたことです。

『年中行事絵巻』のなかにも、三月十日に高雄の法華会があり、同時にやすらい祭があるということを書いています。

中世になると、愛宕《あたご》山の麓にも葬場が開かれますが、『宇治拾遺物語』には、清徳聖《せいとくひじり》という僧がお母さんの死体を持っていって、石の上に棺を置いたまま三年間ぐるぐるまわって止まらなかったという話を載せています。われわれはこれを曝葬《ばくそう》と呼んでいますが、清徳聖は三年間お母さんの棺を守って、三年間何も食わなかったように書いてます。いよいよ三年で母の喪があけて、嵯峨野のほうへ出てきたところにねぎ畑があった。あまりに腹がへったので、お百姓さんにねぎを食わしてくれといったら、どうぞ食べてくださいという。そうしたら、畑のねぎを全部食べてしまった。その話を聞いて三条の左大臣が食べられるだけ食べさせてみようと思って呼んだところ、いくらご飯をたいて出してもみな食べてしまう。それで、これはただごとでないから、あの聖のあとをつけてみよ、といってつけさせたところが、四条の高倉あたりへきて野糞をした。ところが、清徳聖ひとりが野糞をしただけなのに、その通りじゅう全部が糞だらけになった。これは清徳聖に葬場の餓鬼がついてきて、姿は見えずに食べたり、排泄したからです。そこでこれを糞小路と呼んだのだけれども、あまりに穢《きたな》いからといって、三条の左大臣はここを錦小路と呼ばせた。それが現在われわれの食糧を調達する錦通りになったわけです。この曝葬というのは、愛宕山の麓だけでなく、東山の麓でも、鳥辺野《とりべの》でも行なわれていたのです。

そういうことで、皇室の火葬がはじまるまで、殯葬《ひんそう》、いわゆる曝葬がずっと行なわれてきたわけですが、それも宮中の正殿に天皇のなきがらを置いて殯したり、ある場合には飛鳥川原に殯《もがり》を営んだ。あるいは、百済川原に百済の大殯を営むなど、いろいろあるが、先述したように、いちばん原始的には常磐木《ときわぎ》を立てて封鎖する。そのつぎの段階では、だんだん象徴的になって、さきをとがらせた垣根をつくる。これを忌垣《いがき》といって、忌垣型殯がある。やがてこれに屋根をかけて、霊屋《たまや》型もしくは素屋《すや》型の殯と呼ぶものがある。それから先に述べたサンギッチョ、これはいちばん簡単な構造です。もとは竹をたくさん使って円錐形をつくります。そのまわりに、ある場合には布をまき、ある場合には縄をまく。大阪府下あたりでは、縄をたくさん巻いて、現在は子どもの墓にしか使いませんが、京都府下では、おとなの墓にもかなりあります。私はモンドリ型殯、あるいは円錐型殯と呼んでいますが、そういうもので霊魂が外に出られないように封鎖してしまう。

これは現在では象徴的ですけれども、『日本霊異記《にほんりょういき》』などにあるのを見ますと、殯は人のはいれるくらいの大きさであったらしい。これは『日本霊異記』にあることですから奈良時代の話ですが、兄弟で行商していて、弟が亡くなり、兄さんだけ帰って来る。お母さんがたいへん悲しんで、墓をつくって葬っていたんですが、その弟は、実は兄さんに金を取られて殺されたのです。その骸骨が、道登という僧が宇治橋をかけるとき往復する奈良山の谷にあったので、従者の万侶《まろ》という者に命じて拾いあげさせ、ていねいに葬った。ところが、大晦日の晩に万侶の家を訪ねてくるものがあって、以前ご厄介になったことがあるので、どうぞ今夜はわたしの家へ来てお過ごしくださいというものだから、ついていって、そして家に招き入れられておおいにご馳走になった。つぎの日によく見ると、それは墓の殯のなかだったというようなことがありますから、人がはいれる程度の大きさがあったと思います。

なぜ封鎖するかというと、最初に述べたように、荒魂《あらみたま》の間はこれがすさび出ないように鎮めなければならない。日本人の霊魂に対する儀礼のいちばん根本になるものは鎮魂です。その鎮魂に実は二つあって、宮廷儀礼としてのちにできる鎮魂は、生きている天皇の体に毎年新しい魂を鎮める。神楽《かぐら》によって鎮めるわけですが、そのときに忌部《いんべ》がいろいろ儀礼をやったりします。要するに生きている人の体に新しい霊を鎮める。それによって一年間の疲れた霊を抜いて新鮮な霊魂を入れる。

しかし、それは霊振《たまふ》り（霊触り）といって本来の鎮魂ではない。ほんとうは『令《りょうの》義解《ぎげ》』『令《りょうの》集解《しゅうげ》』などを見てもそうですが、死んで間もない荒魂の荒れるのを鎮める。それであばれたらこうするぞといって、剣を振ったり、呪言を唱えたり、戈《ほこ》を振ったりする。神楽《かぐら》で、剣を振ったり、戈を振ったりすることのもとにこれがあるわけです。宮廷のではひじょうに上品になりましたけれども、原始的な神楽を伝えた山伏は、実に荒々しくこれを振ります。

実は天鈿女命《あめのうずめのみこと》の神楽より古いと考えられますのが遊部《あそびべ》の神楽です。「遊び」というのは神楽ですが、遊部が天皇の殯に奉仕する場合に、戈を背負い、剣を持って、そして供物を奉り、同時に人をして聞こえしめざる唱えごとをする、鎮魂の呪文というものがあったのです。そういうことが『令集解』の古記の説として出ていて、鎮魂の神楽があり、そして現在にも隠岐には葬祭神楽といって、人が死んだら神楽をすることが残っております。高千穂《たかちほ》神楽の場合は、神楽衆のひとりがなくなったときには葬祭の神楽をするということで、天鈿女命の神楽も、実は天照大神が隠れたときに、その墓前で行なわれた神楽であるというのが、新井白石や多田義俊（一六九八―一七五〇）という人々の説です。いわゆる墓前祭としてこれが書かれている。

そういう宮廷化してしまった、いわゆる「菊と刀」の菊のほうで解釈された神楽と、民間にある神楽、とくに山伏によって伝承された神楽、ある程度神道化しながらも依然として古い鎮魂の伝承を伝えているものに、われわれの古い霊魂観、鎮魂観が出ていると思います。

もう一つ殯について述べておきますと、殯というのは、だいたいまわりを封鎖することが原則だったのですが、だんだんと霊魂の恐れがなくなるにしたがって形式化してくる。したがって、四本の柱を立てて屋根をかけただけで、殯であると称するものもあります。それは殯といわず喪屋《もや》と呼んでいて、まんなかに棺を据えて、室内でいちおう導師の引導作法をやったあとで、もう一度庭葬礼といってやっているのが関東地方の喪屋です。東京近郊ではあんがいこれが多く、庭葬礼にはいわゆる殯をつくって、もう一度ぐるぐるまわりを回ってそ

墓地入口の仮門（和歌山県湯浅町）

して墓場へ行く。これはやはり殯の名残りなのです。このときに四方にそれぞれ額《がく》を打ちます。東南西北に、発心門《ほっしんもん》、修行門、菩《ぼ》提門《だいもん》、涅《ね》槃門《はんもん》と四門を打つわけです。それを発心門からはいって修行門に出る、そして菩提門からはいって涅槃門に出る。こういうことを三回ぐるぐるとやる。これはもともと死者の霊がすさび出ないようにぐるぐる回るわけです。もとは遊部が回っていたのですが、現在は葬式につながる人々が回っているわけです。もちろんこれは封鎖儀礼としての旋回であると思いますが、仏教化しますと、ただ発心門からはいって修行門に出る、菩提門からはいって涅槃門に出るということを繰り返している。二条天皇の葬送のときに、南都北嶺の僧たち、興福寺と比叡山延暦寺《えんりゃくじ》、それから園城寺《おんじょうじ》と東大寺の四ヵ寺の僧兵たちが、前代未聞の乱闘をして血を流した、いわゆる額打論というのが『平家物語』（巻一）に出てきますけれども、それくらいに四門というものがひじょうに重んじられた。

封鎖することから、やがて死者の霊を発心から菩提、涅槃にいたらしめるというふうに仏教的に変わってきている。ちょうど浄土思想で、のちに述べるように日本人の霊魂の昇華がだんだん変わってしまったと同じことです。それが現在では仮門《かりもん》と称して、葬式のときに庭の入口に青竹や篠で門をつくり、そこから葬列が出て葬場にはいりますときに、またもう一度ふたりの人がもっている青竹や篠で仮門をつくって、そこをはいらせるというようなことをやるのですが、これもかつての殯葬の残ったもので、「モガリ門」が「カリ門」にかわったものだというふうにも考えられます。古代における死者の霊をすさばせない儀礼は、痕跡としては今日まで実によく残っている。もとの意味はだんだんわからなくなりましたけれど、われわれが追究していけばわかる程度に残ってきた、ということがいえるかと思います。

死後の世界

以上のように葬制のほうからみまして、霊魂に対する恐れというものがわれわれの死後観の大きな要素になっているということを述べたのですが、つぎに他界観を簡単に述べると、霊魂のいく世界としてわれわれが考えていますのは、やはり山がいちばん多いわけです。

その山も、最初に述べたように、山岳霊場といわれるもののあり方を見ますと、山の神というものは、ひじょうに恐ろしい神、怨霊であるとも考えられているようなものがずいぶん多い。たとえていいますと、大和の三輪山《みわやま》には三途川《さんずのかわ》があったり、京都の鳥辺野《とりべの》の入口には六道の辻があったりというようなことが、中世までの文献には書いてあります。現在そんなことをいったら大神《おおみわ》神社が怒ると思うくらいに、中世の神道書には三輪山をもって他界と考えております。

これはなぜかといいますと、ここにいまの三輪信仰のもとをなす大神氏の祖先神である大《おお》物主神《ものぬしのかみ》という神が祭られている、その神奈備《かんなび》であるというように『日本書紀』には書かれています。その「崇神天皇紀」を見ますと、崇神天皇の五年から七年にかけて、ひじょうに疫病がはやるわけです。これは大物主神の荒魂《あらみたま》のしわざということで、日本人の約半数も殺してしまうような怨霊神であった。そういう怨霊的な祖霊を祭っている山への信仰というものが起こっている。

あるいは葛城山《かつらぎさん》ですが、葛城は古代においてもそうですが、修験の寺のあったところです。三輪山の場合は、大御《だいご》輪寺《りんじ》と平等寺があった。葛城は金剛山転法輪寺という寺ができて、修験道の山であったわけです。ここの神は雷で、味耜高彦根神《あじすきたかひこねのかみ》は葛城の鴨氏の祖先で、しかも荒魂の神であるということになっています。そしてそれが移って来たと称しています京都の山城の賀茂の上の社、下の社（下の社は、上の社の母神あるいはおじいさん神、玉依《たまより》姫《ひめ》、建角身命《たけつぬみのみこと》ということでありますけれども）のうち、上の社はやはり雷です。つまり上賀茂神社のほうは別雷神《わけいかずちのかみ》という、これもやはり恐ろしい神として描かれています。

それから比叡山ですが、この場合も、日吉《ひえ》の神というのは恐ろしい神として出ておりまず。現在われわれは京都の側から見るのを比叡山といっていますが、あれは四明《しめい》ケ岳《だけ》で、比叡山でないわけです。滋賀県大津市の坂本から行きまして、ひじょうにきれいな山容をもった小さな比叡、小比叡《こびえい》と呼んでいるのがほんとうの比叡山です。これは大山咋神《おおやまくいのかみ》であるというように『古事記』などに書かれております。けれども、俗に八王子山と呼んでおりまして、祇園の神さまの息子の八人のあばれものたちを祭ったということになっておりますが、景山春樹氏の研究によりますと、少し奥にはいったところにかなり広い古墳地帯があるということで、そのころの霊を祭る、荒魂を祭る場であったと考えられます。そこへもってきて、大比叡のほうに三輪の大物主神の荒魂を祭っています。いずれにしても、山岳霊場というものは死者の霊魂の集まる場所として、熊野、高野のみならず、いま述べたような三輪、葛城、比叡も描かれております。

もう一つだけ例をあげますと、『常陸風土記』のなかに賀毘礼《かびれ》の山というのが出てきます。これは久慈の郡ですが、現在は日立鉱山といわれるものの主峰をなしている高鈴山がこれにあたる。この賀毘礼の山の神というのは、ひじょうに祟る神で、通る人を皆殺すものですから、これを祭るのに苦労をした。ところが、戦後の調査で頂上を掘ってみますと、神域といわれるなかから壺が出てきているのです。この壺もやはり荒れる霊を封鎖する一つの道具だったと考えられるのは、同じ『常陸風土記』の晡時《くれ》伏《ふし》岡という説話のなかで、ちょうど三輪の神婚伝説みたいに、あるひとりの女子のもとに男が通って来て、生まれた子どもが蛇であった。その蛇をはじめは盃のなかに入れて育てていたけれども、だんだん大きくなるので、こんどは壺に入れ、やがて甕《かめ》に入れるというようにして、現在は奇稲田姫《くしなだひめ》神社に祭られているのですが、そういう始末の悪い神の子を壺のなかに入れて祭るということが書かれています。恐ろしい神を封鎖するのに、壺のなかに入れて山の上に祭るということが、こうした説話のなかにうかがわれるのだと思います。

山に霊魂がいくという他界観の次に、海のかなたに霊魂がいくというのを一つ述べますと、常世《とこよ》といわれるものが、中国南部方面の実際の場所として、「非時香菓《ときじくのかくのこのみ》」といわれるような、柑橘類を産する方面、温州方面であろうというような説が明治、大正くらいまでは、東洋史学者から出されていたと思います。現在ではもちろんこれは実際の場所ではなくて、死者の集まる海上の理想郷であるということになっております。

たとえば素戔嗚尊《すさのおのみこと》の伝説では、根《ね》の国、妣《はは》の国と呼ばれるところは、先祖の霊の集まっている国という意味です。あるいは根《ね》の堅州《かたす》国と呼ばれるようなところであって、田道間守《たじまもり》の話の常世というのは、不老不死の果実を産する理想郷と考えていいかもしれませんけれども、一般には海上の霊の集まる一つの理想郷である。祝詞《のりと》などで伊勢を形容することばに、「朝日のただささす国、夕日のい向う国、常世のしき波寄る国」というのは、海のかなたの理想郷から波が寄せてくる、そういう東に向かった理想的な神の鎮まる場所であるということで、これは柳田國男翁が『海上の道』でしきりにいったことなんですが、中国の蓬萊といわれるものにひじょうに近いものが、海上他界の場合にはあるように思います。

沖縄の場合には、ニライカナイということで知られているわけですけれども、そこに先祖がいき、またお盆にはそこから霊のくるのを迎える。慶長年間（一五九六―一六一五）に沖縄へ渡って布教をした袋中上人《たいちゅうしょうにん》が『琉球神道記』というものを残していますが、そのなかで出てくるのに、ニライカナイを儀来河内《ぎらいかない》などと書いて、そこへ行って、三十二年くらいおって帰ってきたと称するひとりの女が、発見されたとき、失踪したときと同じ年ごろの容貌であった。そうすると、これは年をとらない龍宮というようなものと近いものがあるわけで、そこにいるかぎりはいつまでたっても年をとらない国である。そして「タイやヒラメの舞い踊り」ではないが、食物も豊富で歓楽に満ち、そして乙姫さまのような美女のいる理想郷である。このことは浦島の伝説ばかりではなくて、『古事記』『日本書紀』のほうでは山幸彦・海幸彦の話で、火折尊《ほおりのみこと》が釣り鉤を探して龍宮に行った話にも出てくるわけです。死者の行く海上他界を一つの理想郷に描いて神話化されたものではないかと思います。

そういうところから、具体的な島をもって他界とする考え方もあって、おそらく四国が霊場化してくるのも、やはり本州から見た海のかなたの島ということがあったでしょうし、逆に伊予のほうでは宮島、厳島《いつくしま》をもって他界とする考えがあって、伊予の北半分では人が死んだら厳島へ行くという。厳島神社ではまことに迷惑だろうと思います。厳島といわず弥山《みせん》ともいっていますが、厳島の頂上が弥山で、弥山へ行くという。

これがもうひとつ転化したとみえて、江戸時代の末ごろに書かれたものに、死んだということの隠語に「広島へたばこを買いに行く」という。江戸時代の人もたばこをよくのんだとみえまして、あれはとうとう死んだというかわりに、「あれもとうとう広島へたばこを買いに行った」という。そういうことばになったくらい海のかなたをもっておたがいに他界としている。これは柳田翁が「葬制の沿革について」(『定本柳田國男集』十五　筑摩書房)という論文のなかでいっておりますように、沖縄では、Aの島の人々はBの島の島影へ死者を持って行った。Bの島の人々はAの島の島影へ持って行った、ということになった一つの残像ではないかと思うんです。そういうことで、島の他界あるいは海上の他界というものが日本人にあった。

黄泉国《よみのくに》という問題も一つあるのですが、黄泉国という場合には、地下の他界をさしているわけです。したがって、穴あるいは洞窟から出入りするような国、もちろんそれはまっ暗ですから、ヤミであり、ヨミであり、そしてヨモといわれて、ヨモツクニ、黄泉国とも、呼ばれるようになります。しかもそれはひじょうに穢れた国である。伊弉諾尊《いざなぎのみこと》が自分の妻の伊弉《いざ》冉尊《なみのみこと》のなくなったときに黄泉国に訪ねて行ったら、その国は「いな醜《しこ》めき穢《きたな》き国」と呼ぶような、ひどく醜くきたない国である。そして伊弉冉尊の体からは「膿《うみ》沸き蛆《うじ》たかりき」というのですから、どろどろに腐乱している。そういうのは、日本人の場合きたないと同時に、それは汚れであり、そしてそれに触れることは罪で、それは禍いのもとになる。そのように死体がきたなくなることは、すなわち罪の結果であり、汚れの結果であり、同時にまたその人が生きているときに犯した罪や汚れの結果としてあらわれる。そしてそういうきたない世界にそのまま霊魂を置いておくと、永劫の煉獄《れんごく》の旅を続けなければならない。それで、葬式のときによくわらじ脚絆《きゃはん》をはかして、頭陀袋《ずだぶくろ》のなかに穀物と六文銭を入れ、杖を持たせ、笠を入れてやるというようなことをするのですが、永劫の苦しい旅を軽減してやるために、追善供養をするわけです。それをあらかじめ生前に果たす、あるいは死者にかわって生きている遺族が巡礼をしてやる。あるいは山へ登ってやる、熊野詣をしてやるということによってその罪を償ってやる。そうすると、その苦しみから逃れられるのだというのです。こういうところに日本人の地下他界の恐ろしい国という観念を転化する道があったんですが、これをやがて浄土教は地獄に対する浄土を説いて、そんな苦行をしないでも、念仏ひとつ唱えたら滅罪するというインスタントな方法を発見した。ところが、いくら念仏を唱えれば往生するといわれても、それだけでは満足しないのが庶民で、実は庶民の仏教のなかには、いろいろな形でそれが残っているわけです。

再生信仰——生まれ変わりの儀式

再生の問題でも、私が擬死《ぎし》再生《さいせい》と名づけているものがだいぶあります。実際に死んでしまって地獄へ行って、そして蘇生してくるということはできないので、かりに死んだことにして再生するという儀礼がわりにたくさんあります。例をたくさんあげるとややこしくなるので一つだけ述べますが、「生まれ清まり」と呼んでいる神楽があります。

ある種の装束をつけて神楽の舞をやれば、一度死んでしまって穢れや罪を消して清らかになって生まれ変わる。日本人の再生信仰というのは、ちょうど蛇が殻を抜け変わったり、あるいは蚕《かいこ》が一眠、二眠、三眠して抜け変わって、二齢とか三齢とかいって大きくなっていくように、生まれ変わりを続けながらわれわれは成長していくという考えです。これが生まれ清まりなんです。これは人間の成長にともなって、生まれ変わって成長していくのだから、人間の一生には必ず通過しなければならない通過儀礼でもあり、その一段階一段階を生まれ清まりと呼ぶのです。子どもが生まれ変わって若者になり、若者が生まれ変わって老人になる。そのためには、一度死んだ儀礼をしたうえで再生することにしなければならない。子どもからおとなへの生まれ変わりが成年式というものです。

イザイホウ（沖縄県久高島）

成女式もそうですが、一度白装束をつけて死者の世界とされる聖なる山のなかへはいって、苦行をして罪をほろぼして、そして生まれ変わって新しい人格として出てくる。

現在、沖縄ではイザイホウというのが十三年めごとに行なわれています。女子のそういう儀礼としてのイザイホウは、ノロになるための人格としているということに現在ではなっていますが、五ツ橋とか七ツ橋とか、いくつかの橋を渡って聖なる山にはいり、十日ほどの忌み籠《こも》りの生活をして新しい生命として帰ってくる。わが国ではもちろん霊魂のこもる他界としての聖なる山へ登っていって、そこで成年戒または成女戒を授けられて出てくると、おとなになるという儀礼はイザイホウと同じ再生儀礼です。

死者の世界に一度いってくる、生まれ変わってくるというのが、成年式のための大峯登山や立山《たてやま》登山、白山《はくさん》登山の山登りになるわけです。山のなかで子どもである我は死んで、新しいおとなとしての我になって出てくるということだから、熊野詣や大峯登山には白衣の死装束で登るということになるわけで、それをしてこないと、かつては村の青年としての若者組、娘組のメンバーになれない。これは村のおとなの資格があるかどうかをためす一種の試錬でもあります。大峯へ登ってきたとか、立山へ登ってきたとかいうのは社会的には一つの試みにもなりますが、同時に宗教的な儀礼としては、古い我が死んで新しい我になる。

こうした宗教的な擬死再生儀礼でいちばんよく知られている方法は、だいたい六十歳をめどにして、五十歳の場合もありますが、逆修《ぎゃくしゅ》ということが行なわれる。一般には六十歳の還暦がこれにあたるので、還暦もこれは生まれ変わりでしょう。これから干支の上で一歳にもどるわけですから、赤ん坊にもどって赤い着物を着る。それは六十歳の我が死んで、一歳に生まれ変わってくるという儀礼であると同時に、逆修ではおまえは死んでしまったのだという証拠に、死後の名である法名《ほうみょう》をもらう。死んでしまってからの戒名をつけてもらって七日七日の四十九日の法要をする。これを大念仏会《だいねんぶつえ》で行なったり、五重相伝《ごじゅうそうでん》や伝法《でんぽう》という法要、あるいは結縁灌頂《けちえんかんじょう》で行なう場合もある。これが逆修と名づけられる擬死再生です。

　ところが、なかには悪いことばかり続くから、一度死んで生まれ変わってやり直しをやろうというものが、三十歳でもやれば四十歳でもやる。これは一つの流行もあって、鎌倉時代の武士が多く入道したり、戦国時代の上杉謙信とか武田信玄がやったり、百姓も芸能者もやたらに阿弥号をつけて入道します。あれはやはり擬死再生です。鎌倉時代ころの仏像の胎内に納入された勧進の交名《きょうみょう》帳をみますと、百姓や女性が観音女とか勢至女とか弥勒女とかの法名と阿弥号をたくさんもらっている。ですからこれは、けっして特別の例であるとか、元寇の際の未亡人ということだけでは解決されない。

　念仏というものも再生儀礼で、庶民化したものですけれども、奈良の元興寺《がんごうじ》極楽坊では、彼岸の七日間に大念仏があり、おおぜいの善男善女が集まって来て、そこで戒名や阿弥号を与えてやる。そういうところからこの大念仏会は逆修と呼ばれますが、興福寺のなかにはそれだけをやったらしい逆修坊という寺までできています。逆修のときは一度死んだことにしなければならないので、七日七日、または四十九日のおつとめをすませて、そのときに法名、戒名をもらうと同時に、死んでも必ず往生できるという手形を押してもらう。「往生決《けつ》定《じょう》」というのを、そういう形で庶民のほうは受け取っていたわけです。

現在でも、それを儀礼にしてきわめてよく残しておりますのは、融通念仏宗《ゆうずう》の伝法会という儀礼です。これは、おまえたちはこれから死んで阿弥陀如来の子として生まれ変わるのだというお説教を勧戒といいますが、五日間の伝法会の第一日目にお説教をします。第一日目はそのほか潔斎《けっさい》をして水をかぶったりして修行して、第二日目に「おかみそり」と称して、頭を剃ってもらう儀式をする。第三日目は、おまえたちはあの世へいったのだといって、善光寺のお手判《てはん》というのと同じようなぐあいに、自分の戒名を書いたものに阿弥陀如来《あみだにょらい》の代理者である導師が手判を押してくれます。第四日目には受戒があり、そのときには母の胎内と称する道場、天井から壁から床まで真っ白な布をはりつめて浄土らしい清らかなものにします。この儀礼をしているときには絶対秘密なのでなかへ入れてくれませんけれども、終わった瞬間に入れてくれる。私もそのとき見たわけですけれども、母の胎内へはいって、これから生まれ変わるということが実感としてわかるようになっている。この第四日目は受戒で戒名をもらう。第五日目は、十念《じゅうねん》と称して導師から念仏を授かって、この念仏を阿弥陀如来から良忍上人、良忍上人からただいまの導師にいたる系図を書いた往生決定の血脈《けちみゃく》という書類をもらって出てくる。これを受けるにはだいたい一万円以上かかりますけれども、近ごろでは値上げしようというようなことをいっているようです。昔はもうすこしインスタントにやっていたのではないかと思いますが、このくらいで往生決定できれば安いものだと思います。そういうことが、いまでも融通念仏宗の寺では年中行なわれているのです。一般の人は注意しないからわかりませんが……。

　これを浄土宗がまねて、五重相伝《ごじゅうそうでん》という名まえでこの融通念仏宗の擬死再生儀礼を行なっております。こういうものの特色は、密室を使うということです。浄土真宗は、そういう民俗的な儀礼はぜんぜんしないようにいっているのですが、「おかみそり」のときには、京都の光華女子大学の卒業生や、京都女子大学の卒業生を本願寺に集めて、これもやはり本堂、大師堂を閉めて行ないます。そして法主（門首）が皆の頭にかみそりでスッとさわっていくわけです。いずれも密室において行なうのが特色で、それで戸をあけて外に出たときには生まれ変わっている。こういう儀礼が庶民仏教ではたくさん行なわれているのです。

　もちろん密教には結縁灌頂といって、即身成仏の名においてそういう生まれ変わりをすることがあります。それから「隠し念仏」というものも江戸時代の弾圧と本願寺の異安心《いあんじん》狩りでひじょうに暗いもののようにいっておりますけれども、これも村々の通過儀礼にともなう生まれ変わりとしては実は同じことなのです。けっして秘密結社でもなんでもなくて、その村のメンバーになるためには、村の長老や世話役の立会いの前で必ずそれを受けなければならない。そのかわり村人以外は役人でも警官でも探訪の新聞記者でも、小学校の先生でも絶対に入れない、きわめて封鎖的なものです。赤ん坊のときには「赤児元付け」といってキリスト教の洗礼のように母に抱かれて受け、母がかわりに礼拝と念仏をとなえる。赤ん坊から子どもになり大人になるために、七歳とか十歳、十三歳くらいを限度にして、「お取上げ」

羽黒修験道の「梵天倒し」

と称する加入礼式をやって村のメンバーになる。これも同じような生まれ変わりの儀式をやっているわけです。

そのようにいろいろありますが、山伏にも同じような生まれ変わりがあって、大峯や羽黒山へ入峰《にゅうぶ》するときには必ず儀礼がありますが、羽黒修験道では黄金堂で梵天《ぼんてん》という大きな御幣《ごへい》をバタンと倒します。これが断末魔です。これからいわば死出の旅をするのが入峰修行で、死出の山路を踏みわけて死後の旅をする。そして最後に産声をあげさせられて山から出てくる。あまりにうまくできているので、どこかで演出しているのではないかと思われるくらいです。

羽黒の場合ですと、秋の入峰は山のなかへはいって峰中堂《ぶちゅうどう》または奥之院荒沢寺《こうたくじ》に籠って、そして十界修行《じっかいしゅぎょう》をやります。それは地獄・餓鬼・畜生・修羅《しゅら》・人間・天・声聞《しょうもん》・縁覚《えんがく》・菩薩・仏というようにだんだんと上へあがっていくわけですが、実際には地獄道の苦しみをなめ、「南蛮《なんばん》いぶし」で密室でいぶされたり、あるいは断食させられて餓鬼道の苦しみをなめる。あるいは水を飲まない畜生道の苦しみ、あるいは修羅道の苦しみでは相撲をとらされる。人間道の苦しみはいちばんつらく、懺悔《ざんげ》させられる。立ったり坐ったりする五体投地《ごたいとうち》の礼拝行をさせられる。少し強情な人だとみると、これを何度もやらされる。私など、インテリは強情で我《が》がつよいとみられてずいぶんやらされた。そういうところは山伏は、大学の先生だから外国人だからなどと遠慮はせずになかなかうまくやっている。便所へ行ってしゃがめないくらいやらされる。衆人環視のなかですから、途中でやめるわけにもいかない。私は外国人といっしょに最後までやったのですが、なかなかたいへんでした。

あるいは天人道の苦しみというのは、天人五衰《てんにんのごすい》のことですが、実際は延年《えんねん》といって、謡の一節なんかをうたわされる。あるいは声聞・縁覚の行で小木《こぎ》の行とか閼伽《あか》の行というのをさせます。小木の行というのは、擬死再生ですから自分を火葬にする薪を集めさせる。閼伽の行というのは、水を汲んでくるのですが、それを導師に捧げると導師が地上にこぼしまして、かくのごとくおまえは死んで大地にかえるんだと、死ぬことをいつでも教えている。そしていちばん最後に仏になるための正灌頂《しょうかんじょう》というものを行なう。これは念仏決定とおなじで、これでいつ死んでも即身成仏できるという証明をしてもらう。これをやるのがさきほど述べた道場という密室です。

そのときに行者を道場の中央に坐らせて、その上から天蓋《てんがい》がさがっております。扇でできた天蓋ですが、山伏神楽でも、生まれ変わりのときには、扇笠と称しまして、扇でつくった笠のような天蓋をかぶらされる。それがのちに花笠というものになってきます。

そしてまた山伏神楽のときには、この正灌頂道場とおなじ舞所のかざりをするので必ず天蓋をさげます。これを雲といったり、あるいは白蓋《びゃくけ》といったりしますが、これはすべて神楽の舞所は生まれ変わりをする一つの道場であるということを象徴するわけです。修験道の場合、生まれ変わって人間になるのではなくて仏になる。即身成仏させるというところに、修験道の生まれ変わりの違いがある。子どもが生まれ変わって大人になる、あるいは大人が生まれ変わって年寄りになるのではなくて、人間が生まれ変わって仏になるということを修験道教理は説いています。

しかし日本人の庶民信仰としては、断末魔の儀礼で山へはいって死出の旅の苦行を経て、そして産声をあげて出て擬死再生をする。これは、それまでの罪と穢れをすっかり取り去って、健康な清浄な魂としてよみがえるということに実はあるわけです。そのほか山伏の入峰修行には平等岩とか、胎内くぐりとか、いろいろ生まれ変わりの儀式があるわけです。

もう一つ、生まれ変わりということが民俗的に行なわれております例には、火葬場をつくって火葬場開きをする場合、まだ実際に使わない竈《かまど》のなかへ年寄りが入って、そこから出てくると後生《ごしょう》がよくなる、というものもあります。後生がよくなるというのは、あまり人の世話にならず、長く苦しまずに安楽に死んで往生できるということなのです。安楽死というものが、日本人の死生観のなかにわりあいによくあるのです。どうせ死ななければならないなら早く死にたい。けっしてじたばたして苦しんで死にたくない。近ごろみたいに老人が孤独になると、この要求はずいぶん大きいと思うのです。法律的には安楽死は罪だそうですけれども、儀礼のうえではずいぶんいろいろあります。

たとえば「二十五三昧講《にじゅうごさんまいこう》」というものがありまして、二十五人の講衆のなかのだれか病いが重くなると、恵心僧都《えしんそうず》がつかったといわれる『二十五三昧起請』によると、死ぬための建物へ移してしまうんです。おまえ早く死ねといわんばかりに、無常院とか往生院とかいうものに移してしまう。それはいわば宗教的な病院みたいなもので、来迎《らいごう》の阿弥陀如来と観音・勢至《せいし》が中央にあってその前に病人を寝かせる。するといつ死んでもよいところに移されて、安心して十人のうち二、三人は治ってしまうものも出てくると書いてあっておもしろいんですが、じたばたしているから病気になっているので、もう死ぬんだと覚悟をしたら、あんがい治る病気もあるかもしれません。執着が切れると、そういうこともあるのでしょう。

それから往生院あるいは無常院の場合におもしろいのは、善友《ぜんゆう》、すなわち信仰上の同志だけがこの瀕死の病人の世話をするのであって、肉親が世話をしてはいけない。もし肉親が世話をすると、とくに自分の家などで養生しておりますと、調度品などがたくさんあって、せっかくこれだけ集めたのに死ぬのは惜しいと思ったり、この妻や子どもをおいて死ぬのは惜しいと思ったりするから、往生のさまたげになると書いてある。愛着を断たせるために無常院に移し、そこには肉親はぜんぜん出入りさせない。そうすると、安楽に、往生もできるし、治りもするということがあるようです。

もう一つの安楽死に、病気が重くなりますと、村人が総出で氏神さんの境内へ行って、お百度を踏んでくれる。あるいはみんなが枕元へ集まって、千巻心経といって『般若心経』を千遍、読んでくれることがある。もちろん十人なら百遍ずつ、百人なら十遍ずつ読めばいい。そうするとその間に病人は必ず安楽に死ねるものだといわれております。死ぬことを早めるような共同体祈願にみえますが、日本人というのは、そういうときにあまりじたばたしないで、どうせ死ぬなら早く死のうという死生観があるようです。

宇治の平等院も、もとはそうだったかもしれません。しかし、あれは権力者の富の力であまりゴテゴテと装飾過剰になったから、往生、安楽死のためというよりも、浄土を享楽するほうにかたむいています。しかし村々には、本来の二十五三昧の往生院の痕跡がまだ少し残ったものがあります。ふつう阿弥陀堂といっております。京都大原の往生極楽院は、あの構造を見ると、まさしくそれに使ったものと考えていいでしょう。

あれは本尊の框《かまち》が一〇センチもないですね。蒲団を敷いたら、ちょうど阿弥陀如来と同じ高さに自分は寝ることができます。礼拝する仏像だったら、必ず壇に乗るわけです。ところがあの仏像は壇がない。框があるだけです。あの框の構造というものは、やはり考えなければならないものだと思います。そういう浄土思想の単なる観念化された往生でなく、はっきりした儀礼、あるいは宗教的な病院みたいな構造として日本人はとらえて安心して往生する。ですから往生院のようなものが、村々に全部あったと考えられるくらいです。

いまわれわれは記録によって、豪族などの所領のなかに、どういう阿弥陀堂があったか、どういう往生院があったかということがわかります。そのなかでだいぶ周囲は変わりましたけれども、内陣の構造、四天柱などが変わっていないのは、奈良県吉野郡西吉野村の湯川の阿弥陀堂です。これはまさしく素朴な阿弥陀堂です。そういうものに使ったと考えられます。

そこに浄土教の広まる一つのもとがあるのであって、これはいわゆる鎌倉時代の新仏教としての専修《せんじゅ》念仏の浄土教が始まるより、二百年くらい前に始まっているわけです。恵心僧都のころから普及しているのです。

どうも浄土宗、浄土真宗から学者がたくさん出たために、浄土宗、浄土真宗的な念仏、あるいはその往生思想だけがあまりにも強調されすぎた観があるので、現存している民俗的なもののなかから、浄土宗、浄土真宗が受け入れられる庶民の精神的基盤を明らかにしていくことが、私は必要ではないかと思うのです。いずれにしても、そういう庶民のもっている死生観というものがなければ、現在のような浄土教、あるいは念仏というものは、広がらなかったのではないかと思います。

罪業観――贖罪の死

最後に贖罪死《しょくざいし》のことを話しておきたいと思います。贖罪には、まず一つは、日本の庶民のもっているひじょうな罪業観、これは口先だけの罪業観ではありませんで、ほんとうに自分の生命をもってしか償うことができないほどの罪業観、というものがあるわけです。

よく聞くことですが、電車の機関士をしていた人が定年でやめると、四国八十八ヵ所参りをする。それは自分が機関士をしている間に轢《ひ》いた人への罪ほろぼし、それは一生ぬけないのだそうです。別に自分の罪ではない。相手が飛び込んで来たんだけれども、なにかはたさなければいられないという気持ちがある。そういうことを聞きますが、私は罪業深重な罪びとでございますという、そんな口先だけの罪業観でないものを日本の庶民の場合にはもっていて、それを償うために、ある場合には自分の生命も捨てるというところに贖罪死というものがあったのだと思います。

そういう意味で、一つは個人のための贖罪。これは地獄の苦を逃れるために死ぬのだということで焼身自殺をしたり、あるいは入水往生したり、あるいは生きながらにして埋められたといわれております湯殿山《ゆどのさん》の即身仏などの場合、だいたい死んでから即身仏にするわけですけれども、いちおう千日行の結果土室《つちむろ》のなかにはいって往生する。あるいは、日本人にもう一つ捨身往生というものがあったのだということを私は強調しておりますが、高い崖の上から飛び降りて死ぬということがあったわけです。

そういう、いわゆる罪の恐れ、そして罪の結果として死後永遠に自分が負わなければならない煉獄《れんごく》の苦しみというものを、死によって償う、そうして永遠の安楽を得ようという一つの贖罪の死というものがあったのだと思います。この焼身自殺したもの、あるいは入水往生したもの、捨身往生したものの動機について、必ずしも明らかでないのが多いんですが、それにはつぎに述べるような集団のための贖罪というものが一つにはあったと思います。それはどちらも明らかでない場合は、個人の死後の恐れのためにやったというものがかなり多いように私は思っております。

贖罪死というものを死にいたるまでやらないで、苦痛だけでおこうとすると、いわゆる腕《わん》上焼香《じょうしょうこう》のように、腕の上にやけどをするまで香をたく。あるいは掌の上のろうそくで護摩をたいて、自分の手が焼けるまでがまんをする。

あるいは『令義解《りょうのぎげ》』『続日本紀《しょくにほんぎ》』に出ておりますような皮を剝ぐという苦しみ。皮を剝ぐというのは、ずいぶんつらいのだろうと思いますけれども、行基《ぎょうき》の徒はこれをひじょうにやるので、禁制が何度も出ております。『令義解』のほうには、焚身剝皮《ふんじんはくひ》、焚身捨身を禁じております。ですから、大宝律令の出るころにはこれが広く行なわれていた。『僧尼令』の二十七条にこれを規定しなければならないほど行なわれていた。同時にそれがしばしば行なわれるのに対する禁令として、『続日本紀』のなかに焚身剝皮を禁ずることが出てくるということであろうと思います。

これがのちに大道芸になりまして、自分の手に錐を通してみたり、自分の腕で香をたいたり、あるいは自分の胸をたたく胸たたきをやったり、そういうことをして大道で金をもらうような苦行の模倣まで出てくるわけですが、もともと自分の生命をもって自分の罪を償い、そして死後の地獄の苦しみを免れようということがその起源であります。

それからつぎにもう一つの贖罪死としては、山伏において多くみられるのですが、集団のために全部の罪を背負って死んでいく。これがいちばん古い贖罪死だろうと思うのです。もちろんキリストのように、人類全体の罪を背負って十字架にかかるというものもあります。はたしてキリストが死ぬときにそうだったかどうか知りません。あるいはのちの神学が、そういうふうにいったのかもしれませんけれども……。

そのつぎの段階としては、もちろん人類全体というふうになります。また個人のためということも出たと思いますが、もともとは人身御供《ひとみごくう》というのは、集団全体の罪を償って集団を安全にする、集団が罪によって受くべき飢饉とか疫病というものを逃れよう、千人の集団の生命をひとりの生命をもって償うならば、甘んじてそれを受けようという観念が古代ほど強かったと思います。

山伏の場合、たいそうこれが多かったわけですが、その一つの例が天正五年（一五七七）の博多の海で行なわれた。あるひとりの山伏、名まえは知られておりませんけれども、その焼身と入水、自分のからだに火をつけて、そして、水にはいって死んだ山伏の記録、これは『耶蘇会士《やそかいし》日本通信』のなかに出てきます。まさか偽の報告をローマ法王に対してしなかっただろうと思います。あるパードレが実際に見た記録だったと思います。

これはお母さんを殺したという罪から、山伏になって諸国を流浪するわけです。最後に博多で代垢離《だいごり》をやります。町内を五つほどに分けて、人々にかわって寒の水を浴びたり、五昼夜川のなかに立ったまま不眠不動の行をした。そして最後に寺の前の海で船に火をつけて沈んだ。信者たちのためにこれを行なったのだということをいっております。したがって、そのパードレの報告の最後のところに、この悪魔につかえる山伏が、われわれのようなほんとうの神につかえる者よりもりっぱなことをする、そのことを報告するためにこれを書くということをいっているのです。パードレもこれにはまいってしまったらしい。そういうことがあります。

あるいは集団のためには、堤防がどうしても崩れるときには人柱《ひとばしら》を立てる。封建領主になると、自分の城を安全にするために人柱を立てたりします。あるいはまたお寺を建てるときに、ほんとうの信者であったかどうか知りませんけれども、柱を立てる瞬間にわざと飛び込んで人柱になる。これは伊勢の一身田《いっしんでん》の真宗高田本山の本堂を建てるときの話にもなっておりますけれども、そういうことで集団のために自分の生命を捨てる。そして穢れのための人身供犠――その人の自発的なものでなく行なうのを人身供犠といい、自分の自発的にやったものを贖罪死といったらいいだろうと思うのですが、人身供犠は、岩見重太郎の話でも人身御供ということで有名です。

儀礼としてのちのちまで行なわれてきたものを例として一つあげておきますが、愛知県稲沢市の国府宮《こうのみや》に尾張大国霊《おおくにたま》神社があります。ここに儺負《なおい》の祭というのがあります。近ごろ神社では「儺追」と書いておりますが、本来は「儺負」のほうです。儺というのは穢れとか禍いとかいうものです。それをある人間に背負わしてしまう。もとは殺したのですが、儀礼としてまないたの上に載せるということだけで、殺しはしません。これはその日、神社の前をいちばん最初に通ったものをつかまえる。

『年中行事大成』という江戸時代に年中行事を書いた史料があります。そのなかに、この国府宮の祭は正月十三日ですが、東海道を通る旅人たちに、宿屋の人が、きょうは出たらいけませんよというんです。けれどもやはり出て行くものがあって、つかまえられる。

つかまえると、たいへんご馳走するそうです。そして祭のお供え物を全部もらえるんです。それでうろうろ出て行くのかもしれませんが、つかまえて斎戒沐浴させ、静養させて、祭の時間になりますと、晩なのですが、そのものを先に述べた、まないたの上に載せるのではなくて、まないたの横に坐らせる。そして真っ暗にして、なんの人形《ひとがた》だかわかりませんが、いずれ藁か葭のようなものを束ねたものでしょうけれども、それをまないたの上に載せて料理するまねをして、それと人間とを神前につれていって献上する。こういう儀礼が行なわれているのです。それがすみますと、町のなかへ乗り出すんです。みんながその男にふれると、自分の災難を全部それに負わすことができる。私も見ましたけれども、儺を負う男も、ふれる男も皆裸です。これは日本の奇習として、戦後間もなく『ライフ』の表紙に載って、西大寺の裸祭と同じようにたいへん評判になった。皆、これにさわるわけです。さわられた人間はやがて殺されて、全部の罪を負っていってくれる。こういう祭だというふうに書かれております。

現在、厄年の人間がたのまれて、あるいは自発的かもしれませんけれども、出てくるんだそうですが、そういう人身供犠は、ほかにもまだ鞍馬の蓮華会などにあります。それは儺負祭で代表されますが、この人身供犠は、やがて、柳田國男翁によると片目鮒《かためぶな》というものになって、鮒を人間の供犠にかえ、その鮒もやがて片目をつぶすだけになっていくわけです。

そういうことから、この話の結びとして、罪業観、あるいは霊魂観、他界観というようなものをとおして、日本人は滅罪、罪ほろぼしということをひじょうに重んずる宗教をもっている。もちろん罪業観というのは仏教にありますけれども、日本の場合にはもっと実践的なものとして、ちょうど山伏の苦行と贖罪のようなぐあいに、これをとらえていく。インド、中国では観念的に死とか罪というものを宗教化していったのに対して、日本人の場合には実践的なものとしている。

「軍人勅諭」その他にも見られるように、身を鴻毛《こうもう》よりも軽しとして、集団全体の安全のためにひとりの生命を犠牲にする。またそれを素直に受け取る一つの精神構造というものが日本人にはあって、明治からの徴兵制というものも、ひじょうにスムーズに受け取られたのではないか。それは意識しないでも、主義主張のためにはいつでも簡単に生命を捨てるような日本人の精神構造があったのではないか。それが贖罪、供犠というものから、日本人に特有といってもいいような死生観を生み出したのではないか、そういうことを一つの結論としておきたいと思います。

II

日本人と死後の世界

一

ドル・ショック以来、日本人は世界の孤児としての孤独感をあじわいつつある。しかしこれで日本人が精神的にも物質的にも一本立ちして、ほんとうの独立国家になる好機が来たともいえる。もうたよりになるのは、この一億の日本民族よりほかにないのだが、さてわれわれは戦中戦後のながいあいだ、ほんとうの日本人というものを忘れていたのではないだろうか。

戦時中の日本人は全体主義的政治目的に合うように「作られた日本人」像のなかで、ほんとうの日本人を見失っていた。戦後の日本人は、いうまでもなく敗戦の虚脱感と、その反動としての物質至上主義による高度経済成長の美酒に酔って、前後不覚に我を忘れている。しかしこの美酒も度をすごせば毒酒であることに気づきかけたとき、ドル・ショックで我にかえって見れば、われわれは世界の孤児であった。

しかしこれは日本人がほんとうの日本人にかえり、日本独自の文化を創造して、矛盾と混迷になやむ世界文化のなかで、あたらしい地歩を築く好機であろう。そのためには世界文化を吸収するばかりでなく、日本の伝統文化と伝統的精神をあきらかにする必要がある。ところが、従来の日本文化といえば貴族文化と都市文化であり、伝統的精神といえば武士道精神だけであった。しかしそのような表層的な日本文化の基層には、土くさいけれども健康な庶民文化があり、郷土愛と隣人愛にみちたあたたかい庶民精神がある。すなわちこれからの日本人研究は、庶民の文化と精神という基層まで掘り下げることによって、あたらしい鉱脈を掘りあてなければならない。そのような作業の一つが、日本人の霊魂観と死後の世界観をあきらかにすることである。

二

死後の世界は「ある」か、という問いにたいしてたいていの人は「ない」とこたえるだろう。しかしそれは「ある」とこたえれば近代人の沽券《こけん》にかかわる、という強がりであって、ほんとうは何程かは「何かありそうだ」といううしろめたさはのこっている。これは肉親を失った経験のある人にとってはなおさらであり、これあるが故に、現在無用の長物のような大伽藍やお寺が繁昌しているのだ。一体このうしろめたさは何だろうか。

実はこのように霊魂や死後の世界は、認識できないから存在しない、と考える一面と、それでは安心できない、という一面と、この両面をもつのが人間というものである。したがって死後の世界を問うということは、人間とは何か、生とは何か、という根源的な問いを問いかけるのとおなじことなのである。

生と死とは光と影にたとえられる。この絶対に矛盾する二つの概念は実によく似ているからである。光は影によってはじめてとらえられることは、絵や写真をしたことのあるものならすぐわかる。生も死に直面し、死と対決しなければ実感することはできない。したがって死後の世界を考えるということは、生を理解し、人生の意義をあきらかにすることにほかならない。

古代人にとって、死後の世界は現世の延長であり、現世の投影であった。したがって現世で善をすれば、死後は幸福がえられるし、悪をすれば不幸になると単純に考えた。すなわち死後と現世の因果律が道徳的規範、すなわち律法の成立する条件であった。その法律にそむく制裁——それを因果とか応報とかいったのだが——が、地獄という死後の世界の苦しみであった。

近世になるとこの因果律は「勧善懲悪《かんぜんちょうあく》」となって、現世の悪行は死後をまたずに現世で報いをうけ、現世の善行は現世の幸福につながるという意味になる。いまでも義理人情を語って大衆を感動させる講談や浪曲などの大衆文学・大衆演芸は、この勧善懲悪なしには成立しない。ここに大衆の正義感があるのだが、現世だけではこの因果律はしばしばそのとおりにならないことがある。いったい、それをどうしたらよいのか。

三

われわれはしばしば悪人が世にはびこり、善人がいつまでもうだつがあがらぬ現実を見る。したがって大衆の正義が成立するためには、死後まで延長された勧善懲悪、すなわち因果応報が必要になってくる。もしそれがなければ現代の世相のように、恥しらずの欺瞞やヒッピーやニヒリズムが横行するようになる。こうした道徳における善と幸福の不一致を「実践理性の二律背反」といい、その二律背反を解決して、善がむくいられるためには、「霊魂の不滅」すなわち死後の世界がなければならない、と主張したのは哲学者カントであった。

近代思想では目に見えないもの、耳にきこえないもの、手でふれられないもの、その他の感覚でとらえられないものは存在しない。したがって霊魂や来世や神の存在を否定する科学主義があったればこそ、月旅行すら可能にする現代の物質文明が花ひらいたのである。そうした近代思想の先頭に立ったカントも、道徳＝社会秩序が正しく成り立ち、人類の自由と平和が保証されるためには、科学的常識の否定する霊魂や死後の世界が、存在しなければならないと主張したのである。

カントは近代的な科学主義に立っていたから、死後の世界が存在するという断定と証明をする代わりに、それが「存在しなければならない」――「存在するはずだ」というにとどめた。そしてこの死後の世界の存在の「要請」は、カント哲学の矛盾とも弱点ともいわれるのだが、実は庶民はそれが存在すると考え、死者の冥福を祈る仏教的供養や追善をし、死者の声をイタコに聞いたりしている。庶民のほうはカントのようなまわりくどいことを言わずに、直観的に死後の世界の存在を肌で感じているのだといえる。

現在のわれわれのゆたかな物質文明は、たしかに霊魂を否定し、宗教を軽侮し、イタコを迷信視する科学的常識の勝利であろう。しかし同時にこの科学的常識は、神をおそれぬ大量殺人兵器や、怨念をおそれぬ環境公害や交通事故死を再生産する。それよりもっともおそろしいのは「人生は現在の自己だけ」という刹那主義、断絶主義、自己主義の精神的頽廃である。史上最大の物質文明の繁栄をほこるアメリカの悲劇は、外なるベトナム戦争より、内なる精神的頽廃だという声があがっている。われわれはその轍《てつ》をふまないだろうか。

四

われわれは一応、近代人の科学的常識の衣をぬいで、古代人の死後の世界観を見てみよう。タイムトラベルやタイムトンネルを通ったつもりで、一千年あるいは二千年前の日本人にもどるのである。そうすると死後の世界は厳然と存在するが、それは闇黒の「やみ」の世界で「よみの国」とよばれ、中国の地下の「黄泉」という文字をあてて、黄泉国《よみのくに》と書かれた。しかし日本人の「よみの国」は「死出《しで》の山路《やまじ》」などとよばれる幾山河を越えた彼方の暗い谷間で、この地上の延長線上にあった。死者の霊は生前におかした罪の軽重に応じて、針を立てたようなけわしい山を越え、血の池のような害獣毒蛇のすむ川をわたり、飢《うえ》と渇《かわ》きをしのぶ苦痛をなめなければならない。そのために死者は死装束に、白の帷子《かたびら》・草鞋《わらじ》・脚絆《きゃはん》をつけ、笠と杖をもち、六文銭と五穀の種を入れた頭陀袋《ずだぶくろ》を首にかけるという旅姿で、野辺に送られた。

　このような古代人の死後観はだいたい世界共通で、この地上と連続した遠方の山や谷、あるいは海上の島などに死者の霊のあつまる世界があると考えられていた。またそのような世界を垂直的な上下関係で、地下としたり天上とする信仰もあって、これらを総称して「他界」というのが、宗教学上の用語になっている。他界（Das Jenseit）ということば、原始人が「遠い彼方《あちら》」という表現をとるからであるが、日本でも俗に死んだということを、「彼方《あっち》むいて行った」といったり、「垜山《あずちやま》」という言葉があったりする。安土《あづち》などもその変化だろうと思う。

　山の中に他界を想定するのを「山中他界」というが、これは古代には庶民は死者を山に葬った（風葬《ふうそう》・野葬《やそう》・林葬《りんそう》）ことからおこったものと考えられる。野辺の送りを「山行き」といい、墓を山（陵）というのはその名残りで、葬られた霊魂は死体からぬけ出して「死出の山路」をこえながら、長い苦しい旅をするものと古代の庶民は信じていた。「率土《そと》が浜」の彼方に海をへだててそびえる恐山《おそれざん》などは、まさしく他界の幻想をよぶのにふさわしく、死霊の山となり、死霊に会ってその言葉を聞くイタコ市がひらかれるようになる。

このような他界信仰の山は日本全国いたるところにあったのだが、地獄谷とか賽《さい》の河原の地名をもつ山は、たしかに他界信仰のあった証拠といってよいだろう。立山《たてやま》も白山《はくさん》もそれがあり、立山の地獄谷に陸奥《むつ》の率土が浜（外が浜）なる猟師の亡霊が来ていた話は、世阿弥《ぜあみ》の謡曲「善知鳥《うとう》」でよく知られている。しかもこの立山地獄の物語は平安時代の『本朝法華験記』や『今昔物語』に見えて、古代人にひろく信じられていたことがわかる。熊野詣《くまのもうで》も古代末期から中世にかけて繁昌したが、熊野路の山中では死んだ肉親の亡霊に会えるといわれた。いまでも年寄りのなかには、善光寺の内陣の地下の戒壇めぐりの闇のなかで、死んだ子供に会えると信じている者もいる。死者の霊に会えるのはけっして恐山だけではなく、古代にはいたるところに、そうした山があったのである。

五

古代の日本人は、死後の世界を山ばかりでなく、海の彼方の国または島に想定していたが、これも水葬という古代の葬制の反映であろう。古代神話ではこれを「常世《とこよ》」とよんで、死者のゆく世界であるとともに、幻想的な楽土とするようになった。沖縄では海の彼方にニライカナイとよぶ楽土があり、お盆には祖先の霊がそこからかえって来ると信じられていた。日本の伝説にあらわれる龍宮も「常世」の変形で、常世では年をとらないように、龍宮では時が停止して、龍宮人は年をとらないのである。仏教が入って海上の常世が、観世音菩薩の住むポタラカ（補陀落）という島にすりかえられ、水葬は死者を補陀落へ送ることだといわれた。これが有名な熊野那智や室戸岬などで行なわれた「補陀落渡海《ふだらくとかい》」で、生きながらにして船に食糧をのせて渡海しようとする乱暴な信仰者もあらわれた。

日本に凶作や災害がうちつづくと、庶民のあいだにミロク（弥勒・身禄・命禄）という私年号をつかう風習が、室町時代にたびたび見られる。これも古代の「常世」や沖縄のニライカナイのような「ミロクの浄土」から、祖先の霊が世直しに、米や宝をもってくるという信仰があって、ミロク船を宝船におきかえ、七福神がやってくるという信仰に変形した。

このように他界は、暗黒の世界からしだいに楽土、あるいは浄土に変わってゆく傾向がある。庶民は貴族階級のように、末法とか末世などという厭世的でなく、死後についても楽天的だったのである。しかしそれには条件があって、生前の罪をいろいろの形でほろぼしておかなければならない。生きているあいだに橋をかけたり、道をつくったりする社会的作善《さぜん》にくわわることも、死んで地獄におちない「罪ほろぼし」であった。行基菩薩《ぎょうきぼさつ》や空也上人《くうやしょうにん》のいろいろの社会事業は、そうした庶民の死後の世界観の上に成り立ったものである。

元来、庶民は共同体意識がつよい。紀州言葉でいう「連れもて行こら」で何でもかたづける群集心理でもある。これは古代社会の連帯意識が庶民の心につよくのこったもので、前近代的だともいわれるが、近代的な個人意識も、この庶民の連帯意識と調和しなければ、個人の自由と社会の発展は実現しない。それを古代人は来世に地獄におちないための罪ほろぼしという形で、社会奉仕を行なったのである。そのほか施行《せぎょう》とか布施《ふせ》（ほどこし）として、貧者・病者・孤独者への救済もなされた。近世になっても罪ほろぼしのために「青ノ洞門」を掘った禅海と、これに感動した村人の協力という劇的な話も生まれてくる。

地獄におちない罪ほろぼしの作善《さぜん》で、もっともひろく実行されたのは、お寺の堂塔・仏像・鐘・お経などの造立・書写である。現在文化財などといってお寺が独占している建築や仏像は零細ではあるが純真な庶民の作善を、何万何十万と結集してできたものであることをわすれてはならない。また巡礼や遍路《へんろ》、あるいは高野詣・熊野詣・大峯奥駈《おくがけ》修行のような苦行としての旅も、死後の世界の「死出の山路」を越える苦しみを、生きているあいだにはたしておくものであった。死後の苦しみを、前払いの形で済ませておくと、死んでからの魂は苦労せずに楽土なり浄土へ行けるという論理である。六十六部の回国や四国遍路を、犯した罪の重荷を軽くするためにはたした話は数多くきかれるが、古代や中世では、これを死後のためにしたのである。

ところが生前の罪、それも意識的におかした犯罪のような罪でなく、日常知らず知らずに人に迷惑をあたえ、人を不幸にしたような無意識の罪を、すべてほろぼしておくのは不可能にちかい。そこで庶民は死者のはたさなかった罪をほろぼす作善を、死者に代わって、追っかけてはたしてやる。これが「追善」、あるいは「孝養《きょうよう》」とか「供養《くよう》」とかよばれるものである。写経したり、お経を読んだり、読んでもらったり、お寺に物をあげるとともに、貧窮者に施しをする。この施しの一つが今日の葬式の「粗供養《そ》」であるが、これを誤解してモーニングを着た人に施しをするのは、おかしな話である。もっともモーニングを着るほどの人は、心が貧しいというのなら、話は別であるが。

最後には死者のはたしきれなかった罪を、死者の霊にきいてはたしてやれば、いちばん完全である。そこに死者の霊の言葉をきいて遺族につたえる霊媒者、あるいは宗教者が必要になる。これはいろいろあるが、関西に多い「口寄《くちよ》せ巫女《みこ》」、関東その他では「梓巫女《あずさみこ》」または「県巫女《あがたみこ》」や「市子《いちこ》」、東北ことに恐山のイタコなどはこれである。

現在死者があると、その四十九日忌までに死者の言い遺したこと、思い遺したことがあればそれをきいてやるのが、ミコやイタコの仕事である。したがって、今は遺された家族の身の上や病気、その薬や医者や祈禱者の方角などを指示するほうにかたよっているが、これはミコやイタコの現代化である。それでも遺族は死者の配慮とふかい愛情に涙ぐみ、悲しみと心の痛みをなぐさめられる。しかし古代・中世では巫女は生前に犯した罪と、これをほろぼすための写経や作善を依頼されることが多かった。

陸奥《むつ》の恐山ではこの死後の世界に死者の霊がいると信じ、ここにのぼってイタコを媒介として死者と遺族の対話が行なわれる。津軽では金木町《かなぎまち》の川倉地蔵堂で、おなじようなイタコの口寄せが行なわれるが、ここにあつまる人々は近代人、都会人のおきわすれた日本民族の死後の世界を再現して見せてくれる。そして庶民の心の奥底をのぞかせてくれるのだが、これに共感できない人は魂を忘れた日本人といっていいかもしれない。

六

以上のべたような日本人の死後の世界は、仏教の影響で形がかわり、内容も豊富になった。罪のあるものには暗黒の世界で、苦しくおそろしいという「黄泉国《よみの》」は、仏教の地獄変相図や十界図、六道絵などで具体性をあたえられた。この変相図はもと中国で成立したので、地獄の冥官、すなわち閻魔王《えんまおう》以下の十王は中国の官服をつけてえがかれ、彫刻になっても同様である。しかしその原形はインドで『長阿含経《じょうあごん》』(地獄品)や『正法念処経』(地獄品)、あるいは『倶舎論《くしゃ》』とか『大智度論』に説かれている。それによると、等活《とうかつ》地獄・黒《こく》縄《じょう》地獄・衆合《しゅごう》地獄・叫喚《きょうかん》地獄・大叫喚《だいきょうかん》地獄・焦熱《しょうねつ》地獄・大焦熱《だいしょうねつ》地獄・無間《むけん》地獄(阿鼻《あび》地獄とも)という八大地獄に、それぞれ十六の小地獄が付属しているので、総計百三十六地獄があるという。古代インド人らしい緻密な分類であるが、それぞれ犯した罪によって堕ちる地獄がちがうことになっている。

平安時代末期にえがかれて奇跡的にのこった『地獄草紙』と『餓鬼草紙』は、だいたい、『正法念処経』にもとづいてえがかれたもので、地獄のおそろしさを厭らしいほど強調して、古代・中世の人を罪のおそろしさにおののかせた。この恐怖からのがれるために、人々はいろいろの仏教的作善に参加したのであるが、その中心が念仏にあったことはいうまでもない。そしてまた地獄ばかりでなく、六道の苦しみをのこすところなく描写して、念仏による極楽への救済をといたのが、恵心僧都《えしんそうず》源信の九八五年の著になる『往生要集』にほかならない。

六道六趣というのは、仏教では生・老・病・死その他の苦にみちた世界をさすもので、地獄道・餓鬼《がき》道・畜生道・修羅《しゅら》道・人間道・天人道である。人々は前世の行為によって、そのいずれかに生まれかわりながら輪廻《りんね》して、とどまることがない。そこで菩提《ぼだい》心をおこして仏道修行をすれば、声聞《しょうもん》・縁覚《えんがく》・菩薩・仏としだいに悟りの内容が高められて、最後に仏の正覚《しょうがく》、すなわち三藐三菩提《さんみゃくさんぼだい》を達成することになる。ここで六道はもちろん、あらゆる苦悩から解脱《げだつ》できる、という仏教の教えをあらわしたのが十界図である。

しかし十界図にあらわされた四聖（声聞・縁覚・菩薩・仏）の修行は、長い年月と容易ならぬ努力がいる。そこでとにもかくにも六道、ことに地獄の苦をのぞかれる別荘のような楽土へ生まれかわって、そこで世間のわずらわしさをのがれ、極楽の十楽をうけながら、ゆっくりたのしく修行して、三藐三菩提を達成しようという『往生要集』の往生思想が、それからの浄土教を発展させてゆく。しかも極楽という別荘へゆく手続きは、南無阿弥陀仏の念仏で結構というのだから、庶民にとっても大きな魅力になった。しかしこの地獄と極楽の教えを日本の庶民が容易にうけいれたのは、すでに説いたような仏教以前の古代人の「黄泉国」とか「常世《とこよ》」の死後の世界観が仏教の地獄と極楽におきかえられ、しかもそれに具体性をあたえられたにすぎないからである。

したがって、平安時代の民衆にとっては、念仏は「往生の手続き」というよりは「滅罪の手続き」であった。死者のために念仏することは、死者の生前おかした罪をほろぼし、地獄の苦をのがれしめ、やがて浄められた霊魂のあつまる楽土へ送ることである。聖聚来迎図《しょうじゅらいごうず》で、海の上を聖衆が雲に乗って死者の霊を迎えに来たり、山越《やまごえ》阿弥陀図で、山の彼方から阿弥陀三尊が死者の霊を迎えに来るのも、古代人の海上他界や山中他界を予想してはじめて理解できるのである。

このように見てくると、庶民の死後の世界観がかならずしも仏教、ことに浄土教と一致しないものがあることがわかると思う。そのズレは日本民族が仏教渡来以前からもっていた死後の世界観を、庶民はいつまでも保持しつつ、それに仏教の地獄・極楽のイメージを重ねているからである。そして庶民の死後の世界の原像としての他界観念を、恐山信仰やイタコは示してくれるのである。

みちのくの神秘・恐山——その歴史と円空仏

一

恐山《おそれざん》はよく秘境として紹介される。ことに七月二十四日前五日間の恐山地蔵堂縁日にくりひろげられるイタコ市の異様な光景は、この世ならぬ世界——ことによると自分もあの世にいる霊の一人になってしまったのではないか、とおもうような錯覚をさえよびおこす。こうした秘境感はまたこの山の異常な景観によって、いっそう大きなものとなる。

山上には旧火口湖の宇曽利山湖《うそりやまこ》が翡翠《ひすい》をとかしこんだような濃緑の水をたたえて、しずまりかえっているのに、三途川《さんずのかわ》をわたった恐山地蔵堂のまわりは、硫黄臭の鼻をつく火山の噴気孔が、そこにもここにもおそろしい音をたてて煙を吐いている。これが死霊のさまよう恐山地獄で、死者の供養に累々と積んだ賽の河原の積石がつづいている。地蔵の石仏があり、血の池があり、剣の山がある。修羅道とよばれる血のように赤い石、酒や塩をごまかす商人のおちる酒屋地獄や塩屋地獄、不正な麴屋《こうじや》のおちる麴屋地獄、藍《あい》をごまかす紺屋《こうや》のおちる紺屋地獄があったりする。無数に林立する卒都婆《そとば》は、日々この世を去る死者がいかに多いかを

恐山（青森県むつ市）

おもわせ、暗い無常感をおこさせずにはおかない。

ところが遠く目をやって湖水を見、周囲の山々をながめると、これはまたこの世ならぬ美しさである。宇曽利山湖の湖岸の縮緬《ちりめん》波のひたひたと寄る白い砂原は極楽浜といわれるが、ここはまさに地獄と極楽が同居する霊場である。湖水をめぐって旧火口壁をなす釜臥山《かまぶし》（八七九メートル）と朝比奈岳《あさひな》（八七四メートル）を中心に、北国山、大尽山《おおつくし》、小尽山、天狗山などがならび、一木一草もない地獄とは対照的に、翠巒《すいらん》という言葉がぴったりする北国的な山毛欅《ぶな》林と檜葉《ひば》林がひろがる。この自然林も伐採がどんどんすすんでいるようであるが、ここの檜葉、すなわちアスナロの純林は日本有数の美林といわれている。

日本の山と湖は十和田湖を境に北海道と似

て、山容も林相も湖水の色もガラリとかわってくる。その点からもこの恐山は人を引き付けずにはおかないが、陸奥《むつ》湾をへだててこれをながめると、この世とは別の世界――すなわち霊のあつまる他界という幻想を昔の人がおこした気持ちがよくわかる。しかしここを人々が死霊の山として、死者供養をしたり、納骨納髪をしたり、イタコの口寄《くちよ》せをきくようになったのは、いつのころであったかは、はっきりはわからない。いま観光としてでなく、納骨と供養のためにこの山をおとずれる人々は青森県、ことに下北・上北の二郡がもっとも多いが、ここを管理する円通寺の話では、岩手・秋田・山形の三県にもまたがり、福島方面からも参詣する者があるということであった。

しかしこうした霊場の発生はその山麓の住民が、日夜仰ぎ見る秀麗な山を死霊・祖霊の住む山とし、他界信仰をおこすところからはじまる。ことに火山活動で噴気孔のある山は、地獄の幻想につながるので、他界化しやすい。それを旅僧が来て、地獄の霊の救済者としての地蔵菩薩や阿弥陀如来、あるいは観世音菩薩とか弥勒菩薩《みろくぼさつ》、弘法大師などの信仰を持ちこむと、そこに寺ができ、寺の宣伝活動で信仰圏がひろがり、遠方からも納骨や供養に人があつまる。そのような方式で恐山地蔵堂や山寺立石寺《りっしゃくじ》の他界信仰ができ、現在寺はなくなったが神社が納骨供養を受付ける羽黒山《はぐろさん》・月山《がっさん》・湯殿山《ゆどのさん》ができたのである。高野山や善光寺もその周辺の信仰から発展して、日本総菩提所となったのは、他界信仰を浄土信仰にすりかえて納骨と供養をすすめてあるいた、高野聖《ひじり》と善光寺聖の宣伝の結果であった。

二

恐山信仰はこの山を北に下りた大畑町《おおはたまち》や、津軽海峡に面する漁村からはじまったものであろう。現在は「むつ市」の田名部《たなぶ》からバスや車で入るのが本道のようになったが、もとは大畑から正津川《しょうづ》に沿ってのぼるのが参詣路であった。正津川は恐山宇曽利山湖《うそりやまこ》の水がながれ下る川で、登り口に正津川姥堂《うばどう》がある。三途川奪衣婆《さんずのかわだつえば》を祭っているので、正津川は三途川の訛りであることはうたがいがない。三途川はもともと精進川《しょうじん》といい、死者の罪や参詣者の穢れを、この川で禊祓《みそぎはらえ》しておとすのである。だから正津川を恐山までのぼると三途川の橋がかかっていて、この橋をわたればあの世、すなわち死霊の住む他界で、こちら側は現世とされている。

恐山という名称はアイヌ語のウショロから宇曽利となり、それが恐山になったといわれ、すでに平安時代の前九年の役を書いた『陸奥話記《むつわき》』に、下北半島が宇曽利郷となっている。しかしいま恐山地獄といわれ、地蔵堂があるあたりは焼山《やけやま》というのが正しい。『和漢三才図会《さんさいずえ》』は「焼山」は大畑より細道三里半で達し、三塗川《そうずかわ》や賽の河原のほか百三十六地獄があると、くわしく紹介する。

そのなかでこの書が、恐山の開基慈覚大師《じかくだいし》のつくった千体石地蔵があるといったのは注目にあたいする。この千体石地蔵は中尊が五尺（約一・五メートル）ほどで、あとの小仏を人々がもち去るので、いまは僅かしかのこっていない。それを近頃円空なる僧が来て修補したというのである。これはもちろん著者、寺島良安のおもいちがいで、恐山地蔵堂の千体仏は石仏ではなくて、木彫の木端仏《こっぱぶつ》である。この円空仏そのものも貴重であるが、この記事で円空は寛文八年（一六六八）に蝦夷地からの帰途ここに立寄ったことがわかり、今から三百年前の円空より前に恐山は霊場として多くの人がのぼり、病気平癒や安産を祈って千体仏を借りて行くものがあったのである。千体仏というのは何か願いがあればお寺やお堂から一体を借りていって仏檀に祭り、願いがかなえば二体にして返すという信仰である。

恐山の歴史でもう一つ重要なのは、恐山地蔵堂を管理する田名部の円通寺開基、宏智聚覚《こうちじゅかく》和尚である。和尚は曹洞宗であるが、天狗信仰で有名な足柄山《あしがらやま》の関本にある道了尊《どうりょうそん》（最乗寺）から出た即庵宗覚（下総関宿東昌寺出身）の弟子で、雲水としてこの本州さいはての地に来たのである。曹洞宗の禅は和尚のような雲水の一所不住の旅でひろまったものであるが、雲水は寺をひらけばその土地に土着した天狗信仰も、稲荷信仰も、地蔵信仰も取り込んでしまう。したがって、雲水宏智聚覚は恐山に大永二年（一五二二）にのぼって、地蔵堂を管理する菩提寺をひらいたのである。そののちこのあたりの領主、八戸政栄の帰依をうけて、永禄年中（一五五八―七〇）に田名部に円通寺をひらいたから、恐山の本寺は円通寺ということになった。

この和尚から百四十五年おくれて円空が来たのであるが、恐山は雲水や旅僧の溜り場になり、彼らによってその庶民信仰が維持されたものと思われる。そうでなければ禅宗寺院の管理下で、現在見るような庶民の他界信仰やイタコの口寄せはのこりえなかったであろうし、千体地蔵もその庶民信仰のあらわれであろう。いま円通寺の恐山出張所である菩提寺では、地獄の熱湯湧泉をもってまことに庶民的な湯治場を経営している。家族の霊をここで弔った東北の農民たちは、板葺の粗末な湯殿にひたって歌と雑談に興じ、地獄どころか極楽の気分をあじわう。地蔵堂の縁日やお盆のあいだは、毎夜寺の庭でにぎやかな盆踊りがもよおされるということで、さまよう霊たちもその夜ばかりはうかれて、浮世の気分にひたることであろう。

三

恐山は庶民信仰の山であるから、京都や奈良の寺のような貴族趣味の文化財はない。重文・国宝ばかりありがたがる背伸びした文化人には物足りないかもしれないが、実は日本の魂を保存した恐山の他界信仰と庶民信仰が、片々たる骨董趣味や古物趣味をみたす文化財よりり大切な民族的遺産ではないだろうか。それは趣味の問題であるよりは、精神の問題だからであり、少数の貴族や貴族的寺院の文化であるよりは、民族の大部分をなす庶民の文化だからである。したがって、恐山の庶民文化財に対しては、洗練された美を鑑賞するのではなくて、汗と血と涙にまみれながら死者への悼《いた》みとあたたかいいたわりをわすれなかった庶民の心を、肌で感じなければならないのである。

円空仏の鑑賞も庶民文化財として、庶民の心を感じとるのでなければ意味がない。そうすれば像のプロポーションのアンバランスも、表現の生硬さも、刀法の粗雑さも生きてくる。それは庶民の心の生き写しだからである。円空の造像は一番古い銘のあるものが、寛文三年（一六六三）あるいは寛文四年の美濃美並《みなみ》村にある神像や仏像であるが、寛文五年には当時蝦夷地だった北海道にわたり、寛文六年の洞爺《とうや》湖《こ》観音島の観音像をのこした。それから二年後の寛文八年には下北半島に足跡を印し、おなじころ恐山の円空仏もできたと思われる。

円空の下北における消息は恐山の円空仏や、大湊《おおみなと》の常楽寺の阿弥陀如来像や、佐井長福寺の十一面観音像とともに、田名部熊谷家家譜の『万人堂縁起』で想像できる。これによると円空は「国邑足跡の沙門」すなわち一所不住の回国僧として、熊谷家に一月余り寄食した。そのあいだに観音像一軀を彫刻したというが、これを祭るために万人堂がつくられたのである。しかしその万人堂が退転廃滅したので恐山に寄進されたのが、いま地蔵堂にある片足倚座の聖観音像であろう。

万人堂というのは庶民の合力《ごうりき》（万人講）でつくられるお堂のことで、実は東大寺大仏殿も万人堂である。これは「天下の富をたもつものは朕なり。天下の勢をたもつものも朕なり」と富と権勢をほこった聖武天皇が、大仏造立には庶民の一紙半銭の合力をもとめたのである。庶民は大仏造立の詔では「衆庶」とよばれて、合力することを「知識《ちしき》」といったが、万人堂をつくる万人講はこの「知識」にあたる。大仏造立と大仏開眼の歴史事実にたいする歴史的評価には、歴史家や作家の政治的立場でまちまちであるけれども、このような庶民信仰の結集を無視してはまったく偏ったものになる。というのは日本の庶民信仰では宗教的な功《く》徳《どく》は金持が一人で独占しようとすれば、その人の得るものは僅かであるが、多数の庶民が一紙半銭や労力をもちよって合力すれば、すべての人の得る現世・後世の幸福は相乗的に増大するという。これは日本民族が古代から現代まで、庶民のなかにもちつづけてきた共同体意識であり、社会連帯観念の表出にほかならない。聖武天皇もこれを無視しえなかったから、衆庶の「知識」参加をもとめたもので、円空の万人堂は粗末なものであっても、まさにこの庶民の「日本のこころ」を具体化した文化財であった。『万人堂縁起』はそのころの熊谷家当主、生岩源無居士が書いているが、万人講をすすめたのは円空だったといってよい。

　さきにのべた円空の補修したという恐山の千体仏も、このような庶民の共同体意識をあらわしている。すなわち仏の功徳を共有し、平等にうけようという信仰のあらわれである。もちろん後白河上皇の発願した蓮華王院（三十三間堂）の千体の観音のように、立派なものではない。木の棒のような千体仏でも庶民の願を托して一体一体寄進され、後のものがそれを借り出してまた仏の功徳をうける。その功徳をまた次のものにうけさせようと二体にして返す。このようにして千体仏は、大きなお堂の須弥《しゅみ》壇《だん》の上にデンと腰をおろして善男善女を見下すのでなく、庶民のあばら屋の病人の枕頭をセッセとめぐり歩くのである。しかし長いあいだには願がかなわずに寺へもどされなかったり、災害で失われたり、不心得なものもあったりして数がすくなくなった。たまたまここに寄宿した円空は数を補うためにそれを作った。それはいうまでもなく、後世の好事家の鑑賞のために作ったのではなく、庶民の願にこたえるために刻んだ、その心が、われわれの心を打つのである。

恐山の歴史は比叡山や高野山、あるいは東大寺や興福寺のようにはわからない。もちろん慈覚大師開創ということも後世の作り事であろう。しかし庶民信仰を大事にして無名の雲水や旅僧が、入れ代わり立ち代わり、この山の信仰をまもって、現代まれにみる庶民の霊場をのこしていることはたしかである。そのなかでたまたま宏智聚覚和尚や円空の名だけが記録されたにすぎないのである。

口寄せ巫女

一

恐山《おそれざん》のイタコのような巫女《ふじょ》は、いまでも全国ではかなりな数にのぼるとおもうが、明治以前はどんな小さい集落の宗旨人別帳《にんべつちょう》にも数名おり、そのような集落は十七万とも、数え方ではその数倍ともいわれるので、巫女は三十万から六、七十万人もいたのではないかと思う。これに村々の修験といわれる男巫も巫女とおなじように、死者の口寄せと神の託宣《たくせん》をしたから、日本の庶民の精神生活はかれらの巫術《ふじゅつ》(シャーマニズム)にたよるところが大きかった。

巫術の語はすでに八世紀初頭の大宝律令の『僧尼令』に見え、これを僧尼がおこなって民を惑わすことを禁じている。これは国家統制の下にある仏教と、民間仏教の巫術が相反することをしめすものであるが、さればとて巫術はかならずしも神道のなかに入れられるものでもなかった。一般に託宣は巫女や神官を媒介して、神の意志なり言葉なりを聞くことであるが、それだけでは口寄せ巫女は巫術からはみだしてしまう。日本の神という観念の成立からいえば、まず霊が先行し、その霊がとくに氏族の始祖の霊や、とくべつに霊威ある英雄・宗教者の霊であれば、これを手厚く祭ることによって神になる。いわゆる「霊から神への昇華《サブリメーション》」がおこるのであるが、一般の民間信仰からいえば、どんな霊でも三十三年忌の「弔《と》い切り法要」、あるいは五十年忌の祭をすませば、神になったといって、位牌《いはい》を山の霊場へおさめてしまう。または「位牌まくり」といって川へ流したり、笊《いかき》に入れて天井の上へ上げるところもあって、もう仏の仲間からはずすのである。

　このことはどんな神ももとは霊であり、どんな霊でも祭りさえすれば神になる、という日本人固有の神観念をしめしたものといえよう。そうすると庶民信仰のなかには、霊と神の中間的な神霊もあるわけで、日本民俗学の研究では、そのような中間神霊が荒神《こうじん》とか地神《じがみ》とか、小一郎神《こいちろうがみ》・ヤボサ神・柴神《しばがみ》・道祖神・塞《さい》の神・イハイ神（祝殿《いわいでん》）・御霊神《ごりょうしん》（牛頭《ごず》天王・雷神・龍神・若宮《わかみや》）などとよばれ、ある種の山神・水神・火神も中間神霊であることがあきらかにされている。とくに『日本書紀』の崇神天皇七年の条でよく知られる大和の大神《おおみわ》神社の祭神、大物主神《おおものぬしのかみ》（荒魂《あらみたま》）は、崇神五年に日本の民草の半分も疫病でころしたすさまじい御霊神である。

　この大物主神は大和の大豪族の三輪氏の始祖霊であるが、疫病を止めたくば我を祭れ、と崇神天皇の姑《おば》、倭迹々日百襲姫命《やまとととひももそひめのみこと》に神憑《かみがかり》した。これは倭迹々日百襲姫命が古代でももっとも著名な巫女だったからで、いま天皇の御陵とおなじ規模の箸墓《はしはか》という巨大古墳に葬られている。

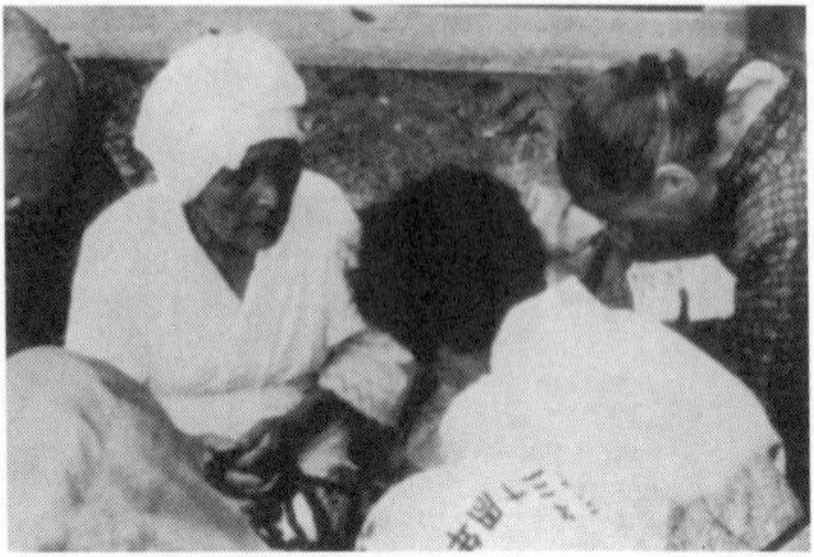

恐山イタコの口寄せ

『古事記』や『日本書紀』の古代神話には、多くの巫女がしるされている。その多くは皇女・皇后・皇姉妹で、倭迹々日百襲姫命も孝霊天皇の皇女ということになるが、垂仁天皇の皇女、倭姫命《やまとひめのみこと》も巫女であった。倭姫命の前に崇神天皇の皇女、豊鍬入姫命《とよすきいりひめのみこと》も天照大神の言葉を託宣する巫女となって、倭笠縫邑《かさぬいむら》に神鏡を祭った。倭姫命がその後任となって天照大神の言葉をきくと、大和の宇陀の篠幡《ささはた》から近江国へ行けといい、ついで美濃国をまわって伊勢国へ行けと託宣したので、ついに今の五十鈴川上に大神をまつることになったのだという。このように巫女は神霊の託宣のままに、神体を奉じて遊行《ゆぎょう》したものであって、イタコがオシラ神を持ってあるくのとよく似ている。巫女は一神社に専属して定住するよりは、霊を奉じて遊行するのが、本来の姿である。中世の熊野の巫女も神体の石を持って歩いたが、その託宣でいたるところに熊野神を祭った。いわゆる熊野比《び》丘《く》尼《に》遊行の伝説で、この比丘尼のうたう熊野本地や霊験の祭文《さいもん》は、やがて熊野節なる「うかれ祭文」として俗謡化する。恐山にあつまるイタコのオシラ祭文は、いまも古い形をのこして伝承されている。

二

日本武尊《やまとたけるのみこと》神話によると、この日本統一の英雄は巫女である叔母の倭姫命を伊勢にたずね、その忠言や、譲られた草薙剣《くさなぎのつるぎ》の力で、日本統一を全うする。これは日本の古代政治が、すべて首長の身内である巫女の託宣をききながら、神意によって行なわれたことを示す一つの例で、祭政一致というのは、巫女を媒介とせねばならなかった。柳田國男翁の『妹の力』によると、古代の政治機構は兄が主権者であると、女の姉妹が巫女となってそれを助けたという。それはいまも沖縄や南西諸島のオナリ神信仰にのこっており、姉妹の持ち物を持って旅行すると、男の兄弟は安全だという信仰にまでつながっている。

姉妹はやがて伯叔母《おば》となり、妻となり、仲哀天皇の妻、神功皇后が天照大神の託宣で新羅を討つ外征が行なわれる。仲哀天皇の死はこの託宣をうたがったためであった。このような祭政一致機構は、皇后がやがて女帝となって政権をにぎる道をひらいた。柳田國男翁のころは注意されなかった「魏志倭人伝」は、卑弥呼《ひみこ》が「鬼道《きどう》に事《つか》えた」ことをしるしている。これも国を治める男弟と卑弥呼という祭政一致を想定させる史料である。すなわち卑弥呼はオナリだったわけで、巫女として仕える神が「鬼《き》」であったとすれば、これは死者の霊である。日本で鬼《おに》は仏教の影響で角の生えた怪物になってしまったが、中国では死者で、死ぬことは「鬼籍《きせき》に入る」ことであった。その肉体から離れる霊は魂《こん》であり、肉体から離れないのが魄《はく》とされた。

このように考えると、巫女のもっとも原始的な宗教的職能は、死者の霊の言葉を託宣する霊媒である。したがって、神社の巫女《みこ》より古い形をのこすのが、恐山のイタコだといえる。しかもそのなかでも死者の死後の世界を子孫にしらせ、その苦を軽減するための、作善《さぜん》・供養の滅罪のしかたを託宣するのがもっとも古い。これが恐山のイタコの「唐《から》の鏡（供養の形見）をあげてくれ」という言葉としてのこったものと思われる。しかしすでに述べたように、現段階のイタコが遺族の身の上について多くを語るのは、やや変化したものであるけれども、死者が子供であるときは、親に先立つ罪と、生前の親不孝をしきりに詫びるのは、やはり原始的巫女の滅罪託宣の形をのこしたものといえる。

巫女の神の託宣と霊の託宣はまったく異質なものとされがちだが、神と霊の同質性を考えれば、もとは同じだったのである。天照大神も天皇家の始祖霊の神格化したものだから、ときには荒魂《あらみたま》となって、神功皇后に託宣する。三輪氏の始祖霊、大物主神はモノの主の神格化である。モノはモノノケ（物怪・物気）のように、姿なき祟《たた》りやすい霊魂である。鬼をモノと訓ずることがあるのはそのためで、神とはいいながら霊であるから、巫女倭迹々日百襲姫命はイタコにちかい霊媒だったといえよう。

以上わずかな例であるが、日本の巫女というものは神社だけのものでなく、民間の巫女はむしろ口寄せ巫女が多い理由がわかると思う。そこでもう一歩すすんで口寄せ巫女の職能と鎮魂《たましずめ》について考えたい。正史の上からは消えてしまったが、大宝律令のできるころに、死者に奉仕する部民に遊部《あそびべ》というものがあった（『令集解』）。この伝承を検討してみると、天皇や豪族が死ねば遺骸を半年ないし二年、三年のあいだ、殯宮《もがりのみや》（梓宮《あらきのみや》）をつくってそのなかにおいている。このあいだの死者の霊はまだ荒魂で祟《たた》りやすいから、これをしずめ和める宗教者が遊部であった。ところが『令集解』によると、これがもとは女性だったというのである。そして霊を鎮める鎮魂《ちんこん》儀礼のおもなるものが、神楽《かぐら》（鎮魂神楽）だったから、猿女《さるめ》氏という女系相続の鎮魂神楽の家も、遊部の一系統だったことがわかる。すると天照大神が「おかくれ」になって天岩戸の前で神楽を奏した、猿女氏の祖、天鈿女命《あめのうずめのみこと》も遊部だったことはうたがいをいれないところであろう。

　このように巫女は遊部のほかは誰も入れぬ殯のなかに入って、死者と共にくらすのであるから、殯の外の遺族にたいして死者の言葉を伝宣する巫術行為を行なうのは自然のことであった。いまでは男巫であるけれども民間の神楽には、託宣をともなうものがすくなくないのは、死霊の鎮魂と死霊の託宣がむすんでいたことの証拠といえる。もっとも備中《びっちゅう》神楽・荒神《こうじん》神楽とか、神殿《こうどの》神楽・太元《おおもと》神楽などの託宣は荒神や太元神の託宣である。しかし荒神や太元神が古墓や村の始祖をまつる叢祠《そうし》だったりするから、やはり元をたどれば口寄せ巫女の系譜にたどりつくのである。

三

イタコの口寄せはかならずしも恐山地蔵堂、あるいは金木町の川倉地蔵堂の縁日だけにするものではない。もっとも多いのは「新仏《しんぼとけ》の口開け」という死後数日たってから、あるいは四十九日までのあいだに口寄せをすることである。とくに不慮非業の死者や産死者、または未婚女性の死者は罪が重いとして、かならずイタコの口寄せがある。横死者にはナナクラヨセ、未婚者にはハナヨセというが、そのほか盆や彼岸にたのまれて特別な仏の口寄せをすることもある。『出羽国風土略記』(宝暦十二年＝一七六二)に書かれた口寄せを見ると、湯立てをしていると霊がのりうつり、海難や焼死などの横死のときの苦しみと、悪趣(地獄)に堕ちた責苦をかたったという。いまイタコが交通事故死者の事故の情況をかたるのと同じである。

いまのイタコの多くはイラタカの数珠《じゅず》をざらざらともみながら、その摩擦音を伴奏として「神おろし」や祓の祭文《さいもん》をよんでいるうちに、霊がのりうつる。しかしほかに梓弓《あずさゆみ》に麻紐《あさひも》を張って、これを篠竹でうつ鈍い音で霊をよせるものもある。弓は外《げ》法箱《ほうばこ》というイタコの守り神や守り仏をおさめた箱の上におくので、やや音響箱の効果があって余《よ》韻《いん》をひく。おそらく『日本書紀』に神功皇后の託宣のとき、琴を弾いたというのはこれにちかい一弦琴であろう。この音が高いと霊はおそれて憑《つ》かないからで、〝陸奥《みちのく》の　梓の真弓　我が引かばやう〳〵　寄り来《こ》　忍び〳〵に〟という唱え言のしめすように、梓弓を引くのは、矢を射るためではなくて、やわらかな音を出して、霊を人目につかないようにそろそろと寄って来いと招くためであった。

イタコの口寄せが日本のシャーマニズムの原始形態をのこしているとはいっても、後世の変化と考えられる点も少なくない。イラタカの数珠などは修験山伏のものだから、恐山や津軽の岩木山《いわきさん》、あるいは羽黒山の山伏との関係が考えられる。また外法箱というものも、山伏の笈《おい》と同じで、イタコが遊行していたとき、旅行用具と守り本尊を入れて背負ったものであろう。いまはオシラ神という人形とか、雛人形か藁人形が入っていて、よく当たるイタコはその守り神が託宣のとき教えるのだと信じられている。グロテスクな話だが、外法頭といわれる特別頭の大きい人の頭蓋骨をもらいうけて入れてあるとか、管狐《くだぎつね》の頭とか、犬猫の頭を干し固めて入れるともいわれる。

しかしいま多くのイタコは「九重守《ここのえのまもり》」という黒塗りの筒を背に負うており、その中に山伏の持つ小さな密教諸尊と陀羅尼《だらに》を摺った巻物を入れている。九重というから宮中から出たようにいわれるが、実際には山伏が勤行や修法に必要な本尊や真言を、備忘録のようにならべたものである。しかしその仏や真言の呪力があると信じられて、信者にもお守りとして頒けられるようになった。イタコもこれを携帯することによって、託宣の呪力が出るというのであるが、山伏の支配下におかれてからの変化である。

私は田名部のイタコからイタコになるまでの修行の辛さをきいたことがある。失明してからイタコの弟子に入れられたが、あまりの辛さに夜中に家へ帰ろうと師匠の家を出る。しかし盲目のかなしさで、どちらへ行ってよいかわからない。立ちつくしているうちに探しに来て、連れかえられることがしばしばだったという。それは修行というよりも、徒弟制の苦労だったかと思うが、朝夕勤行にあたる朝読みや夕読みにも祭文や祈禱の文句を毎日教えられる。そして年季が明けるころ、一人前のイタコになる「師匠あがり」の儀式がある。これを「伝授許し」というのも修験からきたものと思われ、滝をつくって水垢離《みずごり》をとり、断食とお籠りの行がある。最後に山伏のおこなう五体投地の礼拝行をつづけ、また米俵の上で失神するまで『般若心経』を読む。やがて人事不省におちいったところで、布団にやすませて蘇生させるのを「誕生」といって、それまでの罪穢が消えて一人前の清浄なイタコとして生まれ変わったことになる。このような清浄な人格でなければ、神降しをしても神は憑かないし、霊も寄らないと信じられている。

現在のイタコは修験道の影響で、神降しや祈禱や、八卦見《はっけみ》や数珠占いのようなものまでする。しかし本来のイタコの巫術は死霊の口寄せであり、その比較的古い形を恐山にあつまるイタコはのこしている。日本人の死後の世界観をわずかでも現代人に見せてくれるイタコの存在は、まことに貴重なものといわなければならない。

III

怨霊と鎮魂

一　怨霊と鎮魂の祭

たいへんむずかしい題目の話ですが、いまの時代で、怨霊《おんりょう》と鎮魂の問題は、どうしてもやはり靖国《やすくに》問題というものにひっかかってくると思うのです。あの問題が政治化している時には、ずいぶんいろいろ意見を求められましたけれども、政治問題にわれわれは口を出さないという自制心みたいなものがあるものですから、一切書きませんでした。ああいう問題には、文化人と称する非常に不遜なる輩がおりまして、これは、何でも自分が考えることは進歩的で近代的で正しいんだ、無知な庶民などの考え方は視野が狭いから、この問題の本質がわからない、そんなものの言うことを聞いてこの問題を出す政党は反動だ、というようなことで押しまくる。その反作用があるものですから、一方ではまた十分な説得もせずに強行採決をする、というようなことで、どちらもどちらだと思います。庶民の立場に立ってみますと、この問題には第三の道が十分に残されているのに、それを忘れて政争の具に供するのは、どちらもどちらであるという感じがするわけです。

しかし、庶民はけっして演説をしたり、プラカードを立てたり、評論を書いたりしません。黙っていますけれども、この問題にはやはり一つの意見を持っているわけです。その意見というのは、庶民の持っている霊魂観念を基にした鎮魂の理念であろうと思います。それは、発言はしませんけれども、皆、心のなかに深く秘めているものなんです。しかし、われわれの学問としましては、それが何であるか、ということを明らかにしていくことによって、今後もまた起こってくるであろう靖国問題にどう対処していくか、ということに一つの示唆が与えられるのではないかと思います。このような問題の解決は庶民のコンセンサスのうえで事が決まる。ただ政治家とか、文化人とかいうレベルで決まることではない、というふうに、前置きとしては申し上げたいと思います。

鎮魂という問題は、当然怨霊という観念を前提にしますけれども、実は、宗教史のうえでもこれは非常に大事な問題です。神道や仏教あるいは芸能は、ほとんど鎮魂の呪術とその教理化、あるいはこれを芸能化したものが非常に多いのです。したがって、鎮魂のほうにできるだけ重点を置きながら、話を進めていきたいと思います。

怨霊というと、どうもこわいものばっかりになってしまいますが、常識的には怨霊は、幽霊、お化けみたいなものをすぐに想像します。祟《たた》る一面だけしか考えられていないようなものですけれども、それは常識では、非業《ひごう》の死を遂げた死者の霊魂、自分の意志にあらずして亡くなった人の霊魂、――したがって無実の罪などによって流罪になって死んだ、菅原道真のような人の霊魂——進んで戦争に出て戦死した職業的軍人の霊魂は別として、みずからの意志でではなくて、死にたくないのに戦死した、無名戦士の霊魂などは、やはり怨霊と考えられます。少し広く考えますと、実は、死者の霊魂全部が死んでまもなくの間は、荒魂《あらみたま》といって怨霊です。しかし、それは簡単な、短期間の鎮魂で早く恩寵《おんちょう》的な祖霊に変わる、というところから出発しませんと、鎮魂の問題というものが浮き上がってきません。

死んだ人の霊魂は、最初はやはり怨霊なんです。よく、お盆の「御精霊《おしょうりょう》さん」ということを言いますけれども、新仏《しんぼとけ》と言われるのは、やはり一年か三年は怨霊、あるいは餓鬼《がき》（クレータ）として遇せられるものです。まずそれが、怨霊の一つのタイプです。

戦時中に、荒魂《あらみたま》と和魂《にぎみたま》ということをよく言いましたけれども、荒魂と言われましたのは、一つの神がありまして、敵を滅ぼすような力を持った一面を荒魂と呼び、そして恩寵と慈しみをもった一面を和魂と呼ぶ、というふうに、江戸時代以後の神道ではそうなっておりまして、戦時中そういうふうにお聞きになった方もいると思います。

最近われわれのほうで言っておりますのは、実は荒《あら》魂というのは新《あら》魂ということです。したがって、死んで間もない霊魂であって、祟《たた》りやすい。それが四十九日とか五十日までくらいがほんとうの新魂である。第一次の罪と穢《けが》れの清まりがすみますと、和魂に変わっていく。ある場合には一年間は新魂で、そして一年間して「むかわり」と称するのは、生まれ変わりという意味ですけれども、一周忌がすんで霊魂が生まれ変わりますと和魂になる。

これを、われわれは「霊魂昇華説《しょうか》」と呼んでいますが、死んで葬式をする、これも鎮魂の儀礼です。亡くなった人の霊というのは祟りや荒れすさびがあって、非常に恐ろしいわけですから、これを鎮めるのが葬式の儀礼になるわけです。お墓というものもはじめはそういう鎮魂のための構造物だったのです。

たとえば、墓に立てる花籠《はなかご》や四門《しもん》のついた棺台というのは、古代の殯《もがり》の残存です。この殯は死者の怨霊的荒魂が外へすさび出て災いを起こさないように封鎖しておくものです。犬ハジキとか狼ハジキという竹串を埋葬のときに挿し立てるものもこれです。

そしてそれが初七日《しょなのか》、二七日《ふたなのか》、四十九日というように、祭をするにつれて、その人の生前に持っておりました罪が清まるとともに、祟りの面が少なくなっていって、そして子孫を慈しむ、残った家族に幸いを与えるというような恩寵《おんちょう》的なものがふえていくわけです。それが和魂で、それがだいたい四十九日とか一周忌とか、あるいは三周忌とかいうように、段階的に考えられているのが、年忌とか、年回とかいうものです。

したがって、人が死ねばそこに一時期は必ず怨霊ができるわけです。その怨霊のほかに、もう一つのタイプ、先ほど述べましたような、非業の死を遂げた人びとの霊魂です。それからもう一つのタイプがあって、これは、だいぶ年数が経たが、子孫や縁者の祭を受けない、あるいは遠方で死んで縁者がその死を知らないために祭ってもらえない、それで生前の穢れが清まらないままにうろうろしている怨霊です。こんなのを、ふつう餓鬼《がき》と呼んだりしま

お産をしているところ（『餓鬼草紙』）

す。

ただ餓鬼という言葉は、餓えた鬼ですけれども、これはインド、あるいは中国でもってできた観念です。しかし、平安時代や中世の人びとは、至るところにこんな餓鬼が目に見えないけれどもうろうろしているんだということを信じていました。日本では、平安末期にできた『餓鬼草紙』という絵巻物がその姿を描いております。人がご馳走を食べているところにも、人がお産をしているところにも、あるいは、ご不浄へ入っているところにも、目に見えない餓鬼がいるところが描かれております。至るところにうろうろしていて、何かあると祟る、というように、これもやはり怨霊の一つなんです。

そういう、うろうろしている霊、非業の死を遂げた霊、あるいは死んで間もない霊、こういう怨霊を指しまして、平安時代には「御霊《ごりょう》」という名で呼んでいます。もとは「オンリョウ」と読んだのかもしれないと思いますが、普通われわれは、「ゴリョウ」と読んでおります。

　そこで、そういう霊を集めて、鎮魂するわけですが、鎮魂するということの前にもう一つ手続きがあります。それは、こういう御霊が何かの災いを起こす、その家に不幸がある、あるいは社会に災害疫癘《えきれい》があれば何か御霊のしわざと考えます。したがって、社会に飢饉《ききん》がある、疫病がある、そういうことが起こりやすい春の終わり（三月）とか夏の終わり（六月）とか、土用の間とかいうときに、「御霊会《ごりょうえ》」という鎮魂の祭が行なわれてきたわけです。これが三月の鎮花祭（やすらい祭）であり、六月（現在は七月）の祇園御霊会（祇園祭）であり、八月（現在は九月）の八幡の放生会《ほうじょうえ》、九月（現在は十二月）の春日若宮《わかみや》のおん祭などになったのです。

やすらい祭（京都市北区上賀茂）

　祇園祭も、いまでは観光の呼び物で派手になりましたけれども、明治維新前までは、祇園御霊会でありました。祭とはいわなかったのは仏教的要素が入っているとともに、祭の対象がいわゆる神ではなかったからです。盂蘭盆会《うらぼんえ》（お盆）が死んだ精霊を祭るのと同じことです。

　そういう死者の霊魂、死んで間もない霊魂、あるいは非業の死を遂げた霊、子孫の祭をうけられずに祟ろう祟ろうとうろうろしている霊、こういうようなものが、飢饉・疫《えき》癘《れい》をもたらすかもしれないので、これを祭り、芸能で鎮め、海や川や山へ送り出してしまう。これが御霊会です。京都の祇園祭では賀茂川へ送り流し、大阪の天神祭では淀川へ流すのが「鉾《ほこ》流し」です。これは大念仏《だいねんぶつ》でも同じことで、謡曲の「隅田川」では、梅若丸という子供がかどわかされてきて、隅田川のほとりではかなくなった塚でこれが行なわれます。狂女になったお母さんがそのあとを追いかけてきて、大念仏のところに行き合わせます。しかし村人の念仏では現われない亡霊が、お母さんが念仏を唱えると、塚のなかから、子方の姿で梅若丸が現われて、お母さんと念仏を唱和する。そしてそこで成仏《じょうぶつ》といいますか、鎮魂されて消えていく。

大念仏というものは、もちろん御霊会と同じように、いちばん一般的な仏教の鎮魂の仕方であるわけですが、そういうのが非業の死を遂げたものに多く行なわれたのは、やはり怨霊のもたらす災害を恐れたからです。

それから、次のことも一つの庶民感情を表わすものだと思いますけれども、数年前に、京都新聞社から頼まれまして、京都で「恐山《おそれざん》展」というのをやりました。その時、イタコ（巫女）さんを二人連れてきまして、イタコの「口寄《くちよ》せ」を引き受けるというアトラクションをやりましたところが、実に申込みが多いんです。こちらは客寄せのアトラクションのつもりだったのですが、申込み者はほんとうに真剣なのです。通常は、一人のイタコが一日に二十人くらいしか引き受けられない。ところが、この時は四十人くらい一日に申込み者があって、ことわりきれないで、五日目くらいでもう二週間分を締切ったようなことで、主催者のほうでびっくりしていました。

恐山のお祭はいまは七月二十日から二十四日まであります。あのお祭に行ったらわかりますように、イタコに霊の口寄せを頼む人は真剣に霊の思い残した怨をきいてその供養をしてやろうとします。頼みにくる人は今日では交通事故で亡くなった人の家族が圧倒的に多いようです。先の展覧会の場合でも、依頼の理由というのを書いてもらいましたら、皆そのように書いています。

現代でも、そういう気の毒な死者のためには、やはりそれを怨霊と考え、それを鎮めなければならないという庶民感情は消えていない。そういう怨霊、御霊の考え方が庶民の間にはあるということは考えておかなければならないことだと思います。

昔ですと、疫病のあとには必ず大念仏が行なわれる。空也の踊り念仏として歴史に現われてくるのも、疫病のあとの大念仏だったのです。

それからもう一つは、先ほど大前提で述べたような、戦争で亡くなった人の霊ですが、やはりこれは怨霊として遇せられたわけです。人びとがその戦争の悲惨さを記憶しているかぎり、そういう怨霊はいついつまでも祭り鎮めなければならない、という観念が古くからありました。

たとえば現在、静岡県浜松市付近に「遠州大念仏」というのがあります。だいたい三十ヵ所くらい残っていて、七月十五日には、三方ケ原《みかたはら》の古戦場に近い、犀ケ崖《さいがけ》の宗円堂というところに大念仏の人たちが集まって、毎年大念仏の踊り念仏をする。これなどは、三方ケ原の合戦のときに徳川方の謀略にかかって、武田方の軍勢が犀ケ崖というところにかかっておった布橋を渡るときに大勢落ちて死んだ。これは物語ですけれども、まさか布でかけてあった橋を軍隊が渡るはずもありませんが、落ちて三千人死んだ、というようなことになっています。おそらく戦死者のことをいったのでしょう。ところが、その後、人がその崖の下を通ると、必ず怪我をする、あるいは、夜うなり声が聞える。それを鎮めるにはどうしたらいいかというと、宗円という旅の僧が、大念仏をするにしくはないということをすすめて、遠州大念仏が始まったといい、いまだに続いています。これは静岡県から愛知県にかけて広まりまして、非常にたくさんの大念仏が残っております。

こういう大念仏は、いま民俗芸能という名で、「ふるさとの歌祭」のようなところに引っ張り出されるようになっていますが、本来大念仏は、そうした戦死者や非業の死者のための鎮魂に行なわれたものであったわけです。もちろん宗派にかかわりなしに、全国いたるところでたくさん行なわれております。

それからもう一つ、長篠《ながしの》の合戦の古戦場ですが、ここがいまは愛知県の新城《しんしろ》市というところになっており、それから鳳来町《ほうらいちょう》というところにかけまして、「放下《ほうか》大念仏」という名で、やはりその霊を慰める踊り念仏が行なわれております。

これは、踊り手四人のうち三人が、「大」「念」「仏」という字をそれぞれ書いた三メートルくらいの大団扇を背負い、三人そろって大念仏ということになります。一人は母衣《ほろ》といって籠に布をかけ造花やシデをつけたものを背負って踊ります。四人の踊り手が激しい跳躍乱舞の踊り念仏をやる。謡曲の「放下僧《ほうかぞう》」でも、こういう団扇を持って、団扇の禅問答があります。これはあとで鎮魂の方法で述べますように、そうした霊というものは、一つには、暴れないようにその霊を圧《おさ》えつけなければならない。激しく地を踏むことによってそれを圧える。鎮圧《ちんあつ》といったらいいのか、どうも鎮圧というと暴動のようになってきますから、私は「抑圧呪術《よくあつじゅじゅつ》」という言葉で表わしています。

大海の放下大念仏（愛知県新城市）

もう一つが、追い払うということで、団扇のようなもので追ったり、「采払い《さいはらい》」（塵払い）のようなもので追ったりする、これは「攘却呪術《じょうきゃく》」と呼んでいます。

第三番目が「封鎖呪術」というものです。前に述べた殯《もがり》などは青い木の枝を立てまわしたり垣根を結ったり、竹串を刺したり、霊屋《たまや》という透き間のない建物を建てたりして封鎖する。だいたいこのように三つに分けて鎮魂します。恐ろしい霊ですから、最初はそれをいちおう圧えつけて暴れないようにする。それから、おとなしくなった霊を、村や共同体の外へ送り出す、あるいは海へ送り出す。また、その霊のいるところを、いろいろ宗教的なマジカルな構造物でおおい、外へ荒《すさ》び出ないようにする。放下大念仏というのは怨霊を追い払うほうにあたります。

そのほかに、「火踊り《ひおんど》」といって、長篠の古戦場の無名戦士を葬った塚の周りで、大きな松明《たいまつ》を持って大勢の村人が踊る。これも、古戦場にたびたび大きな蜂が出て、人びとを傷つけるので、それを鎮めるためと伝えています。怨霊がその場合は、蜂の姿で現われる、という考え方があるわけです。

それから東北地方には、「剣舞《けんばい》」という民俗芸能がたくさんあります。とくに岩手県下に多い。鎮魂の、圧えつける呪術的動作に、反閇《へんばい》という足踏みの仕方があります。この足踏みをするということは、マジカルステップといったらいいでしょうか、荒れすさぶ霊魂を圧えて追いだす力があると信じられていました。古くは「だだ」と呼んで「地だんだを踏む」とか「だだをこねる」という熟語になったのですが、われわれは犬に吠えられたとき、自然にこの動作をします。

この呪的足踏みが、踊りの基本的な型になって歌舞伎の「六方を踏む」という型になりました。顔に隈取《くまどり》をつける荒事《あらごと》ですと、花道の七三のところで、必ずこれを踏んで見得を切ることになっています。原始的な宗教舞踊の鎮魂の、マジカルステップがそこに残っています。ある芸能辞典では「六方を振る」という言葉で説明していますが、これは仏教の修正会《しゅしょうえ》、修二会《しゅにえ》の呪師《しゅし》が、東西南北上下と六方に向かって結界の足踏みをするので、「六方は踏む」ということなのです。能の翁の天地人の足踏みというのもこれです。これが千歳や三番叟《さんばそう》となるともっと激しく足を踏みます。原始的な芸能ほど呪術性が強いので、こんなことになります。

一つの村であれば、村から悪霊や怨霊を鎮め攘《はら》って村を安全にするために踏み、また東西南北上下と、どちらからも怨霊が入ってこないように結界する足踏みというわけです。

剣舞をわざわざ「けんばい」と読むのは、剣を持って反閇《へんばい》するものですから剣舞《けんばい》と呼ばれるのです。

一つ例を出しますと、岩手県平泉に近いところに衣川《ころもがわ》というところがありますが、平泉の高館《たかだち》は源義経主従が非業の最期を遂げた古戦場ということで、「衣川の剣舞」は、踊り手が義経とその家来に扮装して、怨霊（物怪《もっけ》）を表わす恐ろしい面をかぶります。そして剣を振り足を踏んで踊るのが、高館物怪《たかだちもっけ》といわれる衣川の剣舞です。やはりこれは、義経主従の霊を鎮める大念仏の風流《ふりゅう》だったのです。踊りの前後に必ず念仏がついており、また踊り手のなかに物怪を鎮める僧形《そうぎょう》の道化が入ることになっています。

同じ剣舞でも、岩手県大船渡《おおふなと》市の「日頃市《ひごろいち》の剣舞」などは、平家一門の亡霊に扮装します。宗盛に扮装する者もある、安徳天皇に扮装する者もある、二位尼に扮装する者もある、建礼門院に扮装する者もある、というように扮装しまして、剣を振って踊るわけです。ここは古戦場ではありませんが、戦争で死んだ人びとの霊は、そのようにして鎮めなければならない、鎮魂しなければ何かよくないことが起こるという庶民の潜在意識があって、大念仏をこんな形でします。

大念仏には、怨霊の口寄せ巫女《みこ》にその戦さの由来を語らせて、亡霊の怨念をはらそうとするので軍記物語に結びつきやすいのです。そのことが壇ノ浦の古戦場において行なわれたとき、盲僧の平家琵琶のもとになります。『平家物語』の起源についてはいろいろ説がありますけれども、私はずっと前から怨霊鎮魂のための大念仏の場で語られたものだという説を持っております。

『増補 高野聖』(一九七五年、角川選書)の改訂版には、少しその部分を加えましたけれども、『平家物語』は「灌頂《かんじょう》の巻」が中心だという理由がそこにあるのです。国文学史のほうでは、灌頂の巻特立というのは、あとからの付け加えみたいにいいますけれども、やはりなんといってもこれは中心なんです。『平家物語』が鎮魂の語り物であるということを表わすのが、この「灌頂の巻」になります。

「灌頂の巻」は、いわゆる大原御幸から六道までです。六道のところで、平家一門の壇ノ浦の苦しみは六道の苦しみである、つまり地獄道、餓鬼道、畜生道、修羅道、人間道、天人道の苦を清盛入道の積み重ねた罪の報いに受けるわけです。天人道というのは天人の五衰があるからやっぱり苦しみだと解釈しておりますし、「海の底の都」すなわち龍宮へ安徳天皇は行かれたけれども、これは『龍畜経』に説かれた畜生道で、その苦しみがあるから供養しなければならない。平家一門が怨霊化して受ける六道の苦しみをどう救うかというところに、語り物としての『平家物語』の主要な目的があった。

灌頂というものにはいろいろの種類があります。いちばん普通の灌頂というのは、密教のほうで、一人前の阿闍梨《あじゃり》になるために受ける伝法《でんぽう》灌頂といいまして、一人の修行僧が大阿闍梨というものから、頂に水を注いでもらう。ちょうどキリスト教の洗礼と同じようなことをするんです。そうすると、その人は特別な人格に変わって即身成仏する。そのような手続きで特別の資格を得た盲僧が「灌頂の巻」という『平家物語』の最後のところを語る資格ができるのだという説がありました。これは、山田《やまだ》孝雄《よしお》という、かつての国文学の大御所の先生が立てた説です。

しかしこれでは、この「灌頂の巻」と、平家一門の鎮魂の意味が出てこない。特別の資格のある者でないと鎮魂できない、ということに解釈すればできないこともありませんが……。

これが室町から江戸時代になりますと、瞽《こ》官《かん》制度ができまして、盲僧を検校《けんぎょう》とか、座頭《ざとう》とかに任官させる。その瞽官制度にともなって、積塔会《しゃくとうえ》とか「お経流し」という行事が固定してくる。この時に、平家を語り、「灌頂の巻」を語るということが江戸時代まで行なわれます。これは、『当道要集』にくわしくそのことが出ておりますが、積塔会は年に二回あっ

イタカの「流れ灌頂」（『七十一番職人歌合』）

て、二月十六、十七日が普通の積塔会、それから六月十九日に行なわれますのが、「座頭の夕涼み」という名で呼ばれる積塔会です。賀茂川の河原へ出て、河原に石を積んで、そこで平家を語る。これは何かの供養をしていることは明らかで、つい戦後まで、京都では、大文字の日の精霊送りに賀茂の河原に一般の人も石を積んでおりました。だいたいこの石を積むということが、実は鎮魂の重要な手段なんです。賽《さい》の河原の石積みは怨霊鎮魂の手段だったのが、あのように悲しい物語の和讃になったのです。

盲僧が『平家物語』を語るもう一つの「お経流し」は三月二十四日で、この日はまさしく平家壇ノ浦滅亡の命日ですから、平家の怨霊鎮魂であることがはっきりしています。お経流しというのは、『法華経』をたくさんの経木《きょうぎ》に一行ずつ写して、それを賀茂川に流す。何千本というものになりますが、同時に琵琶を弾奏して平家を語る、ということが行なわれた。『当道要集』ではこのお経流しのほうに、「安徳天皇お弔いのためなり」ということが書いてあります。これはまさしく平家の怨霊の鎮魂であるということを、片鱗ですけれども示しているといってよろしいでしょう。
これが実は灌頂であって、水を灌《そそ》がれるのは平家の怨霊なのです。このような灌頂というのは、筋目正しい仏教ではなくて、民間の仏教、庶民仏教なのです。いわゆる民俗的仏教ではこれを「流れ灌頂」といいます。『七十一番職人歌合《しょくにんうたあわせ》』では「イタカ」という放浪者が賀茂の河原でこの「流れ灌頂」を亡き人びとの供養にすすめ、五輪形の経木塔婆を流している絵があります。結局、平家の「灌頂の巻」というのは、「流れ灌頂」によって、怨霊化した平家一門を鎮魂しているんです。

要するに戦場、古戦場というようなところでは、怨み死した怨霊がつねにいるから、それの鎮魂のために、大念仏が行なわれ、これにともなって、流れ灌頂が行なわれ、その滅亡のありさまを語る平家琵琶が弾奏される、というような鎮魂の行事がだんだんと芸能化しまして、盲僧琵琶が独立して大念仏から離れて鑑賞用だけになったと考えられます。

二　祟りと恩寵

それで、実は怨霊といわれるものが、ただ非業《ひごう》の死だけではないということを考えるために、荒魂《あらみたま》と和魂《にぎみたま》ということで最初に、日本人の霊魂観念について述べました。死んで間もない霊魂は、いわゆる祟《たた》りの様相を残している。とくに罪深い霊魂ほど祟りやすい。したがって、その罪が滅びていくに従って、その霊魂は、祟り、荒ぶということが少なくなる。むしろ遺族なり子孫を慈しむ恩寵に傾いていく。ですからそれは、荒《あら》↓和《にぎ》、という方向で昇華していくわけです。

そういう「霊魂昇華説」からいいますと、ちょうどこの中間にいるものは荒魂の様相と和魂の様相の両面を持っているということになります。それは霊の祟りと神の恩寵の両面です。とくにこの中間にいるもの、そのような霊魂の状態は霊と神との中間的存在ですから、「中間神霊」というように私は呼んでおります。

そうすると戦死者の怨霊も事故死者の怨霊も、祭や供養をするに従って神に近づいてゆく。怨霊のままでおくと何となしに庶民は不安なのです。それに共同体や国全体のために犠牲になった怨霊をそのままにしておくと、生き残った人びとは、何となしに「うしろめたい」のです。この「うしろめたさ」が災害や不幸があれば、これはあの怨霊のせいではないかと思い、また巫女《みこ》やシャーマンの託宣にも現われてくるわけです。このシャーマンそのものが共同体全体の罪を贖《あがな》うために人身供犠《じんしんくぎ》された事実もあるのです。

たとえば、国民の半数が死ぬほどの疫病がはやったとき、それは『日本書紀』に崇神天皇五年から七年の出来事として語られているのですが、そのとき、大和の三輪の大物主神《おおものぬしのかみ》の荒魂の祟りであると託宣した倭迹々日百襲姫命《やまとととひももそひめのみこと》という巫女は人身御供《ひとみごくう》になった。神の妻だからと自分で陰《ほと》を突いて死んだとなっていますが、原始古代の人身御供と解して誤りはありません。この巫女は人民の犠牲、いけにえになったのですから、その墓は大和の人民が総出で労力を提供してできた。いやそればかりか、夜間は大和の神々が手を貸してこれをつくったと『日本書紀』にあって、箸墓《はしはか》の名で現存する巨大古墳です。このように全体のためにいけにえ」になった怨霊は、手厚く祭って早く神になってもらおうとしたのです。靖国問題も政治レベルであつかわずに、庶民信仰、そして庶民のもつ犠牲者への「痛み」と「うしろめたさ」を踏まえて考えないと怨念はわれわれの心にいつまでも残るといいたいのです。中間神霊のままでおくわけにいかないのです。

それで中間神霊の問題ですが、山の神とか、水の神とか、火の神とか、地の神、というような神は、皆これは祟る神様です。ということは、まだ目的地のゴッドになっていない、昇華しきれない、いわばそれは怨霊的要素をもっているといっていいわけです。だから、山の神や水の神が人身御供を要求したという民話や昔話がたくさんできたわけです。そういうものが、日本人の神観念のなかにたくさんあるわけで、山の神の化身として、恐ろしい鬼とか、天狗とかいうのが出てきます。

鬼といえば、一般にたいへんこわいということになっております。もっとも、鬼を非常にこわい存在にしたのは仏教のせいで、インドでは鬼にあたるものを羅刹鬼《らせつき》といいますが、これはほんとうに人をとって食うということで、経典のなかに出てくるんです。

ところが、日本人の鬼というのは中間神霊ですから、こわい一面のほかに、案外に恩寵的な面があります。これは御伽噺《おとぎばなし》をみますと、やさしい鬼がたくさん出ております。「こぶ取り爺さん」の鬼というのは、良いお爺さんのコブをとって土産まで持たしてくれます。しかし悪いお爺さんには懲罰があります。こぶ取り爺さんの切手も売り出されました。この、こぶ取り爺さんの切手に神社が描かれているのは間違っているというので、訴訟を起こした方がある。それは、『宇治拾遺物語』(巻一)に、「鬼にこぶ取らるること」という説話があり、神社のことは何も出てこない。だから間違いだというのです。ところが、一般に民話として語られたものを集めた岩波文庫の『民話集』をみましても、角川書店の『日本昔話集成』を見ましても、皆、鬼が出てくるのはやっぱり神社です。山の神のお宮、すなわち、中間神霊のお宮から出てくるのです。これはまさに山の神の化身としての鬼だということがよくわかります。

どうも切手訴訟を起こされた方は学があり過ぎまして、学者の読む『宇治拾遺物語』だけが民話・昔話だと思ったらしい。むしろ素朴な庶民感情を表出した「語られる民話」のほうが中間神霊をはっきり捉えています。国家の発行する切手に特定の宗教の祭る神社を描いてはいけない、とそこまでとんがってきたんでは、世の中はまことにどうもむずかしくなってしまいます。神社といっても神道の祭る神社と庶民信仰の神社とでは、本質が違います。

神道が復興すると戦争につながると短絡的になるのでしょうが、国家神道と中間神霊、すなわち怨霊と神の中間を祭る庶民信仰はまったく次元が違うのです。靖国問題もその点の誤解が双方にあると思います。これは庶民信仰のレベルで祭ってあげなければならない問題です。だから村や地域社会で、人びとの自由意志でお寺でも神社でも祭る、盆・彼岸に手厚く祭るということがないと、戦死者は鎮まらない。見ず知らずの官僚的神官に祭ってもらわないでもよいのです。

ある宗教団体が靖国反対のキャンペーンをしているから、私に何か書いてくれといってきたので、私はあなたの本山では戦死者のための特別のお堂を建て、特別の祭をしていますかといったら、それはない、というので、それでは反対する資格はない。第一、そんなキャンペーンに末寺や門徒がついてこない理由がわかりますか、とききました。これは政治で動いてはどうしても解決しないのです。ところが、庶民信仰を吸いあげて一つの運動にしてくれる教団というものがないのは不幸なことです。それがないから遺族は国家の祭祀を求める気持ちにもなるのです。全体のために犠牲になったかけがえのない身内が犬死《いぬじに》同然の中間神霊でおかれるのにしのびないという気持ちはよくわかります。なんとかこれを政治に持ち込まないで、民間的な宗教運動として展開してほしいと思います。だからもし靖国神社をつくるとしたら、それは今のような官僚的国家神道の神社でなく、鰐口《わにぐち》を下げたり賽銭箱をおいたり、大きな香炉をおいて浅草寺《せんそうじ》や川崎大師のような神社にする。そして普段着のままでも参拝して、どんどん内陣へ入ってゆけるようにしなければならないと思います。正月や盆や彼岸には地方の民間の神楽とか踊り念仏とか盆踊りもできるようにする。そのような靖国神社なら無名戦士の霊も鎮まると思うのです。

余計なことをいいましたが、その、こぶ取りの鬼というのは、やはり恩寵性を持っている。あるいは、一寸法師の鬼にしても、宝物を、打出の小槌を与えるというような恩寵をもっている。あるいは、桃太郎の鬼でも、勇士には宝物を与える。あれは奪い取られたことになっておりますけれども、やはり鬼は宝物をたくさん持っている。略奪物かもしれませんけれども、とにかく宝物を持っていて、いい者がくるとそれを与えるということがある。

一方、芸能には、鎮魂の神楽《かぐら》というものがあります。神楽は実は鎮魂なのです。天照大神が亡くなったばかりの、すなわち隠れた霊を鎮めるために岩戸神楽ができた。また、海の亡霊を鎮めるために「阿知女《あちめ》作法」とか「細男舞《せいのうまい》」というような神楽ができた。これらは皆、鎮魂の神楽ですが、これをくわしく述べることはできませんが、岩戸神楽の墓前祭説は新井白石から出ております。

そういう、神楽の鎮魂を表わしたものに、「三河の花祭」があります。これはたくさんの鬼が出て踊るのでたいへん有名です。正月には、ファンと称する人びとがいっぱい奥三河の花祭地帯をうろうろします。ここの鬼などは、夜が明けますと、朝鬼という鬼が出て来て、天井から下がっている「蜂の巣」というものを打出の小槌で払い落とします。このなかにはお金とか、米とか、豆とかいうのを入れてあるので、それを踊ってる途中で、大きな打出の小槌で払い落とすとばらまかれますから、それを皆が拾う。あるいは、そのなかの榊《さかき》鬼といういちばんこわい鬼が、病人のある家に頼まれていきますと、その家の土間、あるいは庭のところで反閇《へんぱい》を踏みます。鉞《まさかり》を振って、六方風の足踏みをするわけです。そうすると、その病人についてる怨霊が落ちて病気が治るというように信じられております。これもやはり恩寵の一つです。鬼の非常な力強さでもって、むしろ、もっと悪い邪悪な悪魔を追い払ってしまうという恩寵があるわけです。

鬼で、いちばん悪いのは、大江山の鬼とか、羅生門《らしょうもん》の鬼とか、紅葉《もみじ》狩りの鬼女や安達ケ原の鬼婆、こんな鬼は悪いほうの面しかもっておりませんが、天狗となると、謡曲なんかみましても、「善界《ぜがい》」とか、「葛城天狗」「松山天狗」というのは悪いだけ、祟りだけですけれども、「鞍馬天狗」というのは、あれはむしろ恩寵的な天狗です。源氏再興の牛若丸を助けてやるというようなことがあったり、あるいは、天狗が戈を振って舞いますと、悪魔が払われるというので、「王の舞」というのがほうぼうの祭で行なわれたりします。そういう、山の神の化身としての鬼とか天狗とかいうものが、中間神霊として怨霊的な要素と同時に、恩寵的な神の要素を持っている。

水神も同じです。水の神の化身としての蛇とか龍とかという話になりますと、生贄《いけにえ》を求めるような恐ろしい面があると同時に、水の神として耕作に恵みを与える。

火の神も中間神霊です。「荒神《こうじん》さん」といって、これもこわい神様です。三宝荒神《さんぼうこうじん》などの絵とか、掛軸とか、お札なんか、皆こわい顔しております。そういう火の神、荒神というのが、怨霊的な存在であるとともに、家の火＝「戸《へ》の火」「へっつい」は祖先の霊のシンボルです。

それからもう一つは、非業の死を遂げた霊を、「ミサキ荒神」といって祭る例は非常に多い。美作《みまさか》、備中あたりの中国山地に行きますと、お墓のなかには「墓荒神」というのが祭られていて、祖霊でありながら、神になりかけているので祠《ほこら》で祭られています。これなども中間神霊であると同時に、祖霊としての恩寵と、怨霊としての祟りと両方持っています。

この間も私は、岡山県に調査に行きましたら、中国縦貫自動車道でつぶされる古墳がたくさんある。見てくれというので見にいきましたら、従来、盗掘されていない古墳というのは、全部その上にミサキ荒神が祭ってある。それはつぶされていない。荒神さんを祭ったら、さわったら祟るということがあるとみえまして、幸いそういうものが盗掘されていない。

庶民信仰では、死者がミサキになり荒神になる。とくに新しい死者は、ミサキとして恐れられる。この二つをつないで、「ミサキ荒神」というのは、とくに祟りが非常にこわい荒神だ、というようにいわれています。

火の神というものは、それがだんだん昇華していくと、家を守る神になるわけです。家のカマドの火というものは、先祖の霊のシンボルだということになっています。ですから、分家することをカマドを分けるといいます。火を分ける場合もありますが、灰だけでもいいから持っていって、家を分けるわけです。家の火、戸《へ》の火が竈《へっつい》になったのです。この家の火を絶やさずに守る、そういう慣習もありまして、皇室などは、伊勢神宮に浄火殿があって、それを守るのが斎宮であったらしい。のちになりますと、内侍所にも浄火がたかれたといわれ、家の火は先祖のシンボルということになっております。これは恩寵のほうです。

ところが、火を荒神様と呼ぶときには、それは非常に恐ろしい神ということを意味します。この両面を持っているというのが、中間神霊というものの性格と考えたらいいかと思います。

上賀茂神社「みあれ祭」の祭場（京都市北区）

地神、屋敷神というものも祖霊の一種であるということで、五輪塔で祭ることが多い。それは、祭を怠ると非常に祟る、と信じられております。

それから天神《てんじん》といわれるものは、菅原道真の霊が祟ったということでよく知られておりますように、だいたい雷というものが天神ですから、菅原道真は祟るときに、たまたまその代表者になっただけのことです。京都に上賀茂神社、下鴨神社がありますけれども、そのもとになります上賀茂の神というのは、賀茂の別雷神《わけいかずちのかみ》といって、雷だけれども若々しい、力強い雷という意味で別雷《わかいかずち》と呼ばれたのです。下鴨神社は、そのお母さんと、お祖父《じい》さんを祭ったものです。

したがって、この鎮魂のためのお祭が、上賀茂神社の「みあれ祭」、下鴨神社の「御蔭《みかげ》祭」になります。これが葵祭のほんとうの祭ですが、一般の人には見せません。それがすんでから勅使参拝のパレードが一般の見る葵祭になるわけです。鎮魂というものは、歌ったり、祭ったり、競走したりするというところから、鎮魂のお祭というものは皆、芸能祭になってまいります。

稲荷の神もしばしば狐に化身する中間神霊ですが、これは食物の神であると同時に、よく人にのり移って託宣します。いわゆる狐憑《きつねつき》になるわけですが、この託宣者はイタコと同じものので、「オダイサン」といわれます。稲荷というのはよく古墳に祭られる神ですが、やはり死者を稲荷として祭る一面があるわけです。伏見稲荷も実際は巨大な古墳を背後にもっていますが、伏見稲荷だけが稲荷ではありません。そこで稲荷祭というものも、御霊会として平安時代にはさかんに行なわれる。

それから若宮《わかみや》八幡、八幡さんというのがやはり中間神霊です。これはのちになりますと、応神天皇が祭神だということになってしまうものですから、中間神霊ではなくなりますけれども、若宮八幡というときには、これは中間で、若宮八幡さんはだいたい墓の横に祭ります。家の背戸に祭る場合もあります。あるいは先祖八幡ともいったり、若宮八幡というのは、亡くなった先祖を祭ったものである、というのが民間信仰で考えている八幡様です。神道の八幡と民間信仰の八幡とまったく違うのです。民間では応神天皇という祭り方はぜんぜんしないわけです。何か悪いことがあると、その若宮八幡に、どうしてこういう災いがあるかと巫女《みこ》に伺ってもらうことが各地で行なわれています。

若宮というのはだいたい荒魂《あらみたま》（新魂）のほうなのです。まだ死んで間もない、霊の祟《たた》りを持っている、そういうご神体が若宮です。

春日神社の若宮というのは、ご神体は龍であるといわれており、この春日の若宮の霊の祟りを鎮めるために、「おん祭」というものがあります。日本三大祭の一つです。大和じゅうの芸能を全部ここで披露する顕著な芸能祭です。もとは九月十七日で、いまは十二月十七日です。

八幡の場合は、石清水《いわしみず》八幡にしても、放生会《ほうじょうえ》というので芸能祭が行なわれる。祇園御霊会と同じ御霊会のなかに入ります。「おん祭」も御霊会です。

それからいちばん大きな中間神霊は、祇園の牛頭《ごず》天王といわれる恐ろしい神様です。どうもこの神様は祇園精舎の守り神だなどと仏教ではいいますが、民間信仰としての「牛頭天王祭文」というのでは、非常な祟りをする神様で、必ず先払いに八王子を立てて疫病をはやらせる。そして祟りをする。したがって、それを鎮めるのが祇園祭、祇園御霊会である、ということになっているわけです。日本の神様にこれを当てますと、こんな暴れる神は素戔嗚尊《すさのおのみこと》であるということで、明治維新後は素戔嗚尊に変わっています。

祇園祭の由来を説いた『祇園社本縁』というものがあります。それを見ますと、もとは武《む》塔《とう》天神という名だった。『備後風土記』では、二人の子供があって、兄さんが巨《こ》旦《たん》将来、弟が蘇《そ》民《みん》将来という神である。武塔天神が、新嘗《にいなめ》の晩に自分の子供たちをたずねて行く話です。

『常陸風土記』では、武塔天神にあたるのを祖神尊《みおやのかみのみこと》といっております。祖神尊がやはり二人の自分の子供をたずねて行く話で、話の構造としては、名前が違うだけで同じです。新嘗の晩にたずねて行くと、だいたい昔話というのは、兄さんがいつも悪者になるのですが、兄さんは親をことわる。弟はそれを受け入れる。次男坊というのは味《み》噌《そ》擂《すり》が多いものですから、親を大事にするということで受け入れるわけです。そうすると、祖神尊、あるいは武塔天神が、近く疫病をはやらせる、ということを宣言するわけです。だから「蘇民将来の子孫也」という御札を門口に貼っておいたら疫病神が入らない、ということを教えるわけです。したがって、蘇民将来の子孫以外はみんな滅びてしまう、という話になっている。

『常陸風土記』の祖神尊は、兄さんは懲罰で富士の神というものになり、一年じゅう人が登らない、氷に閉じ込められてだれも登らないさびしい山になる。それから弟は筑波の神になって、一年じゅう青々として、鳥は囀り花が咲いて、大勢の人が登って男女のかがいを楽しむ山になる、ということが書いてある。そういうところにやはり、祟りの面と、恩寵の面というものをはっきりとした形で残しているのが中間神霊であり、そして、怨霊というものについて日本人の持っております一つの考え方であります。

とくに戦死者の場合も、先に述べたように、祭らなければ祟ると考えられていた。しかしながら、祭ればまた国を守ってくれる恩寵の大きな力になる。そういうものが庶民の怨霊観のなかにひそんでいることを知らなければならないと思います。したがって、これを何らかの形で祭らずに放っておけば「うしろめたい」感がいつまでも消えないのです。政治家やインテリを除いたら、一般の人は皆心のなかにはそれがあるのだと思います。

それから一つだけ、怨霊ということで、触れておかなければならないのは、平安時代に、八所御霊《はっしょごりょう》という御霊が祭られていました。現在、京都の上御霊社と下御霊社に、八所御霊が二つに分かれている。

従来、平安時代の御霊の研究は、いくつかのすぐれた研究が出ているのですが、そのいちばん最初に出しましたのは、元東京教育大学におられた肥後和男氏ですが、その頃には、御霊というのは政治的失脚者であるということで話が通っていたのです。しかしいまは、ここで私が述べたように、そういうものとはあまり関係がないことがおわかりだと思うのです。肥後氏が昭和の初期に、「平安時代に於ける怨霊の思想」という論文を書かれた頃には、そういうことで通っていたのです。それはなぜかというと、怨霊といえば八所御霊と相場がきまっていたからです。

八所御霊というのは諸説があるが、吉備真備《きびのまきび》、崇道《すどう》天皇（早良《さわら》親王の尊称）、伊予親王、藤原吉子、藤原広嗣、橘逸勢《たちばなのはやなり》、文室宮田麻呂《ふんやのみやたまろ》、それから火雷天神という八人の、それぞれその時の権力者に反抗して陰謀をはかっては失敗して、流されたり、暗殺されたり、毒殺されたりした人びとの霊が御霊になったのです。したがって、この御霊会を行なうことによって、その霊は祟りをしないようになる、ということです。

吉備真備の場合には、称徳女帝が亡くなったあと、女帝は子供がなかったので、文室浄三《ふんやのきよみ》という皇室の少し遠い親戚の者を天皇に擁立しようとする。それに対して藤原氏は、藤原永手というその当時の策士が、光仁天皇を擁立する。どちらもいちおう遠縁にあたります。光仁天皇も六代くらいは離れているのです。それで、やはり勢力関係で藤原氏が擁立した光仁天皇が即位するので、反対派は全部流されてしまうわけです。

崇道天皇は、これは例の長岡京造営にともなって、藤原種継が暗殺されたのを、その暗殺事件の首謀者として、早良親王は皇太子だったのですけれども、廃太子になりました。そして、乙訓寺《おとくにでら》に幽閉され、淡路に流される途中、山崎で毒殺される。首謀者は大伴家持《おおとものやかもち》であることがわかったのですが、家持は二ヵ月前に死んだので、罪からまぬがれた。実はこれも藤原氏の陰謀だったので、非常に祟りをするようになりました。

このような早良親王の無実ということは誰がきめたと思いますか。これこそ民衆なのです。政治家も官憲も公式記録も早良親王の有罪をきめても民衆が承知しないのです。疫病や怪音や幽霊の風評を彼らは口《くち》コミで流します。その人心不安をしずめるために、崇道天皇の号をあたえたり、幽霊の出る乙訓寺へ弘法大師を住まわせたりしたのです。

伊予親王の場合も、やはり桓武天皇の皇子でありながら、あまり身分の高くないお母さんから生まれたために、廃されまして、これものちの平城天皇と皇位を争う形で流され、毒殺されています。お母さんの藤原吉子も、飛鳥の川原寺に幽閉されまして毒殺される。この寺も弘法大師がもらいます。

藤原広嗣は、玄昉《げんぼう》と争って、これは大宰府で叛乱を起こして、松浦で殺された。しかし、この頃非常に疫病がはやったのを、広嗣の祟りであろうというので、御霊のなかに祭られた。

橘逸勢も同じように、学者でありますけれども、承和の変に連座して流される。伊豆に流されたわけですが、伊豆に流される途中で、遠江で毒殺されます。そのときに子供が、逸勢の流されるのについていって、遠江で、お父さんのなきがらをもらって帰った、という話があります。

文室宮田麻呂は、筑前の国司在任中、謀反の罪に問われて伊豆に流された人です。

火雷天神といいますのは、ふつう菅原道真を火雷天神というのですが、八所御霊で数える場合には、他戸《おさべ》親王という人を数えるのです。この他戸親王と、そのお母さんの井上《いがみ》内親王は、桓武天皇の宮廷に非常に祟って、大和の五條に霊安寺が建てられます。これは桓武天皇（山部親王）が即位するために、他戸親王を廃したわけです。山部親王は、光仁天皇すなわち白壁王がまだ皇位につかないときに、帰化人の娘に産ました子です。ところが皇位につくについては、井上内親王という聖武天皇に関係のある人を皇后にしなければいけないという条件があったのです。そのとき、井上内親王は三十歳くらいです。白壁王が六十歳。そこで、山部親王と井上内親王が通じたという風評が陰謀によって流布されて、井上内親王と皇太子の他戸親王は大和の五條に流されました。ここで毒殺されましたから、たいそう祟ります。そのために御霊を安めるという意味の霊安寺という鎮魂の寺が建てられました。いまは地名として残っています。

寺が建てられる場合に、鎮魂のために建てられることは非常に多いのです。平家一門のために赤間ケ関に阿弥陀寺を建てるなどはまさしくそれです。石清水八幡の護国寺とか、興福寺南円堂とか、怨霊のためではありませんが鎮魂を目的としています。ことに八角円堂にそれが多いですね。藤原道長の木幡《こはた》の一門の墓地に建てた浄妙寺もそれです。

こういうことで、八所御霊というのが怨霊の代表みたいになっていますけれども、それは政治的な面でのほんの一部に過ぎないので、これだけが怨霊、御霊だということになりますと、一般的な大念仏、盆踊りというのは、皆あれは鎮魂のための儀礼ですから、いわゆる庶民レベルでの鎮魂というものがボケてしまいます。

三「たまふり」と「たましずめ」

鎮魂ということでは、最初に述べましたように、三つの方法があると考えるのがいいんです。鎮魂という言葉をもうすでにご承知の方は、二つの読み方があることがおわかりだと思います。「たまふり」と「たましずめ」という読み方です。

鎮魂について最初の考察を出したのは、江戸時代の末の頃に民俗学のはしりみたいな業績をも残した伴信友《ばんのぶとも》（一七七五―一八四六）という学者です。この人が、『鎮魂伝』というのを書いております。この『鎮魂伝』で伴信友がとりましたのは、「たまふり」のほうです。いま私がいっている鎮魂は「たましずめ」で話をしてるわけです。怨霊が荒れすさぶのを鎮めるのが「たましずめ」の鎮魂です。

ところが、この伴信友の説を受けた折口信夫先生も、「たまふり」のほうで解釈されております。「たまふり」というのは、生きてる人に一年に一回、あるいは一年に二回鎮魂の日というのがあって、霜月のうちの寅の日とか巳の日とか卯の日に、天皇、東宮、中宮の鎮魂をしました。そのときに、一年間使いふるした霊魂を抜きまして、新しい霊魂を身体のなかに入れると、健康で活力が出てくる。魂を入れ替えるわけです。これが、「たまふり」です。

そうすると、その「たまふり」のために神楽《かぐら》が行なわれる。鎮魂神楽です。実は神楽の起源は「たましずめ」のほうですが、『先代旧事本紀《せんだいくじほんぎ》』に、十種神宝《とくさのかんたから》による鎮魂を説いています。これは三種の神器と同じことをやったと思うのです。鎮魂する人の前へ、十種の神宝の入った箱を持っていき、一二三四五六七八九タリヤ（ヒフミヨイムナヤココノタリヤ）と言って振ればいいんです。一二三四五六七八九十と数えて十を、タリヤと言っただけのことです。その次に「ユラユラトフルへ」というように書いてあります。ところが、のちになって、『江家次第《ごうけしだい》』にみえる鎮魂は、「一二三四五六七八九タリヤトユラユラトフルへ」と、こういうように唱えたんです。だから、振るという動作を書いた地の文を唱えごとにまで入れたのです。そのくらい鎮魂の「たまふり」の仕方はわからなくなっているのです。要するに、ガラガラと箱を振りさえすれば、「たまふり」ができたわけです。

折口先生は「たまふり」というのを、「魂触」と解釈された。「ふり」というのは、ものが触れて付着するという意味だ、魂が体に付着するんだ、ひっつくんだ、というような解釈です。しかしこれはむしろ、眠りかけている霊魂を振り起こし、ゆさぶり起こすほうが自然だと思います。「魂振」ということです。

これは、ガラガラと振るということに意味があるので、三種の神器とか、十種の神宝は、鎮魂のための呪具である。それがのちには家に相伝されるところの宝物になるわけです。

それに対して、「たましずめ」のほうは、怨霊を鎮めることなのです。ですから、怨霊を鎮めることのほうが、実は非常に大きな意味があるので、天皇と東宮と中宮の魂だけ鎮めていたのでは、われわれはどうなるんだ、ということになります。

これについて私は以前に「遊部考《あそびべ》」(『仏教文学研究』一　一九六三年　法蔵館)という論文を書いて、この「たましずめ」説を出しました。この遊部というのが鎮魂神楽の家だったのです。この遊部の一つの分かれであるらしいのが猿女《さるめ》氏で、天鈿女命《あめのうずめのみこと》の家です。だから天岩戸の墓前祭で、天照大神の隠れたばかりの新魂を鎮めるために神楽をしたと解釈できるのです。しかも天鈿女命の舞は、先ほどからいっておりますような、足踏みをさかんにする舞です。『古事記』に出ておりますように、槽《うけ》を逆さに伏せて、その上に乗って、なかばストリップ状態で、戈でその底を突きながら「踏みとどろこす」というのですから、いわばそのなかに悪い霊を封じこめて、それを抑圧する呪術をしたわけです。これが神楽というものの鎮魂で、いまでも、人が死んだら葬祭神楽をするところがあります。

神社や宮廷の神楽というものの概念に、何か神様を楽しませるのだ、神をなごめ、いさめるのであるといったり、おめでたいときしか神楽をやらないと思ったりするようになるものですから、民間に葬祭神楽があったり、菩提《ぼだい》神楽があったりすると、何かおかしいように思います。鎮魂というのが神楽だと考えると、むしろお葬式のときに葬祭神楽があったり、あるいは年忌《ねんき》のときに菩提神楽があることのほうが、むしろ自然に受け取れるのではないかと思います。

遊部というのはそういう意味で、「遊び」というのはだいたい神楽のことです。神楽の代名詞として使われる言葉ですけれども、これを行なう家である遊部は、史料がただ一ヵ所しか出てこないものですから、非常にむずかしいのです。

この遊部は、『令集解《りょうのしゅうげ》』の「古記の説」としてしか出てこないので、そのほかどこにも出てこない。遊部という家の名は、『正倉院文書』のなかに二ヵ所出てきますけれども、記事としては『令集解』にしか出てこないのです。

それは、天皇が亡くなったときに、殯《もがり》に奉仕するところの家、これが遊部であるわけです。この殯というのが、実は先にいった封鎖呪術です。亡くなった人の霊、すなわち「幽明境をへだてたる凶霊魂を鎮めるの家なり」と書いてあって、現世とあの世と、幽明をへだてたところの霊は、たとえ天皇でも崩御したら凶癘魂《きょうれいこん》になるというのです。しかもその実例として、長谷天皇というので、おそらく雄略天皇だと思いますが、長谷天皇のときに、たまたまこの遊びを奉らなかった。すると、たちまちに荒《あら》び給うた、ということですから、おそらく疫病か何かはやったんだと思います。それでまた、ふたたび遊部が奉仕するようになる。そういう次第が書いてあります。

しかも遊部はもと女系相続なのです。しかし時代が下って女であるのに、殯に奉仕するとき、剣を持ったり、戈を持ったり、あるいは「人に聞かしめざるの祝詞《のりと》を唱える」ということをするのにふさわしくないというので、その夫である円目《つぶらめ》王が代わって遊部になったというように『令集解』に書かれている。これが、天皇の霊でもやはり怨霊になるということを示しているわけです。どんな霊でも、死んだらいちおう怨霊になる。荒魂になって、荒れすさんで災いをもたらしたりする。それを早く祭って鎮めないと、その災害がやまない。これが鎮魂というものが必要だった所以になるわけです。だから、死んだらすぐ殯所《ひんしょ》で鎮魂の神楽をして鎮めていくわけです。したがって、神楽の家である遊部というものが、殯に奉仕する。

このモガリというものは、殯宮《もがりのみや》といったり、梓宮《あらきのみや》といったり、『万葉集』には両方使われておりますが、亡くなった人の遺骸を、短くて三ヵ月、長ければ三年から六年、天皇なら皇居の南庭や河原、一般には墓地ですが、そこにおいて風化を待つ。殯の期間は蘇生を待つという説がありますが、私は穢れた肉体が消えて浄化される期間とみています。東北地方では葬家の庭に四門《しもん》を立てるところがあるので、庭で殯したこともあるかと思います。浦和周辺にもヘヤといって四門をつくります。仮門《かりもん》ともいうのはみな殯の残存です。墓では犬ハジキや忌垣《いがき》、スヤ、タマヤなどと称して、みな殯の名残りです。

天皇の場合は、この殯が行なわれたのは、四十二代文武天皇まできっちりとした記事があります。ほかのことは書いてないが、いつ死んで、いつ殯して、いつどこに葬ったという崩・殯・葬だけは書いてあります。そうすると、殯というのはいかに大事なものであったかがわかる。したがって、殯の年数がぴちっと計算できます。これは平均して二年ですね。

天武天皇は、持統天皇が亡くなって合葬される。それは六年間の殯です。持統天皇の場合は、亡くなって一年で合葬します。これは殯のあとで火葬にしています。殯は一種の風葬です。棺に納めて正殿や南庭に置くのが殯というものです。風葬すなわち殯葬から火葬に移るときに、持統天皇と文武天皇だけは火葬と殯とが二つ使われておりますが、それ以前は全部、殯なんです。

聖武天皇の頃は火葬ですが、十日間の殯があったので、それで火葬になりました。そういうことで、平均二年の間、いままで百官から朝賀を受けた正殿に置いたり、ある天皇は飛鳥河原に殯した、百済川原に殯し百済の大殯といった、というようなことがありますけれども、多くは正殿あるいは南庭がその場所です。

日本人が非常に強い怨霊観と死の穢れを恐れたのは、このような風葬のせいだ、と私は主張しているのです。ですから、高貴な人はいちおう木棺とか、石棺とか、粘土棺とかに入れて外からは見えませんけれども、二年なり三年なり置くわけです。貧困な下層民は、鳥辺野《とりべの》あたりに、ござに乗せたままむきだしで葬られています。それは、『餓鬼草紙』を見るとわかりますが、死体を鳥がついばんでいたり、犬が食べていたりしています。

要するに、地上に置いて自然に白骨化することを待つ、これが風葬です。白骨化したものを集めて、大きな塚に築いて塔婆《とうば》を立てて祭っていることも『餓鬼草紙』に見えます。しかし、白骨化のままで放置されるものもあるわけです。そうするとやはり、地上に置かれる遺骸の変化していくありさまが目に見えていますから、死んで間もない霊魂というものの恐ろしさ、形而下的な意味での恐ろしさというものがあったと思うのです。そして白骨化を待つ、いわば白骨化してしまうまでが一つの清まり、というように考えたんだと思います。これがだいたい二年で、平均二年というのはその時期であり、これが仏教の三周忌にあたります。これを殯の終わりにしているのが多いわけです。

風葬のことを述べますと非常に長くなりますけれども、招魂というものに、死ぬ前の招魂と死後の招魂と二つあることを述べなければなりません。これだけは触れておかなければならないと思います。

死ぬ前の招魂は「御魂《みたま》ふり」で、ほんとうの招魂ではありません。天武天皇十四年（六八五）に、天皇が重病にかかりまして、危篤状態になる。そこで帰化人の僧が白朮《びゃくじゅつ》という薬草を取ってきて、奉って、そして招魂をした、というように書かれています。

これなど「魂呼《たまよ》ばい」ということとも共通しています。人が亡くなりかけたとき、その人の名前を呼ぶというのが、魂呼ばいですが、これにも死後の「魂呼ばい」もあるのです。すなわち「魂呼ばい」も一つの鎮魂なんです。しかし、招魂というものの本来の意味は、これはやっぱり死者の霊のタマシズメだと思います。鎮魂と招魂は本来同じだから、やはり、明治維新で亡くなった、国事に倒れた人々の霊を招いて鎮魂したのが最初の招魂社で、京都東山の霊山《りょうぜん》に祭ったのです。これがやがて東京に移り、靖国神社になった。この意味では招魂は蘇生のための「魂呼ばい」でなく、死んだ霊を鎮めるための「魂呼ばい」だった。

これでわかるように、鎮魂は招魂というのと同じです。亡くなった人の霊は「天駈《あまか》ける魂」で、どこにいるかわからない。とくに遠い戦場の場合はわからない。したがって、それを特定の場所に招いて、一ヵ所に入っていただき鎮まっていただくということです。これは荒れすさばないように一種の封鎖をするということになります。鎮魂の前提として招魂をやる。こういうように考えたらいいと思います。

多くの場合、亡くなった仏の遺骸がそこにある間は霊をすぐ鎮魂すればいいのですから、問題になりません。これがふつうの葬儀です。その霊魂が、どこにあるかわからないという場合は、いちおう招魂してから鎮魂する。これはどの程度まで古く遡るかわかりませんけれども、終戦まで行なわれました招魂の儀は、お羽車《はぐるま》という、四方に白布を張った天井のない車に霊魂を招いて入っていただく。『万葉集』の挽歌に「大殿をふりさけ見れば白妙に飾りまつりて」とあるのは、殯の大殿に白布を張りまわしたのをうたっています。だから、お羽車は殯と同じなんです。祝詞や何かの呪術で招いて、そこに入っていただく。そしてその車をそのまま本殿に引き入れたときに、はじめてそこで鎮魂される。ですから、天武天皇が重態のときの招魂は、別の招魂と考えられます。鎮魂の前提としての招魂ではない、そういうふうに考えたらいいと思います。

四　芸能による鎮魂

そして、いよいよ天武天皇が、天武十五年に亡くなりますと、今度は鎮魂のために殯宮に歌舞を奉る、ということが出てきます。神楽をしたり、それからこのときには、楯節舞《たてふしまい》とか楽官奏楽などの歌舞が行なわれます。外国から来た人たちもやはり舞を奉るということがあって、ここに芸能による鎮魂が行なわれたことがわかります。神楽と、それから田楽《でんがく》もやはり一つの鎮魂の芸能で、それから隼人舞《はやとまい》も『古事記』によると、同じような鎮魂をしています。

神楽のなかで、獅子舞というのがありますが、あれも怨霊を鎮める鎮魂から悪魔払いや竈《かまど》払《ばら》いに変わります。獅子舞は伎楽《ぎがく》からきた芸能ですが、東北地方では墓獅子といいまして、お盆には墓前で、獅子舞をします。これもやはり鎮魂です。

京都では、六斎念仏《ろくさいねんぶつ》というのがあり、獅子舞が一番最後に出てきます。これも魂祭の盆棚の前で六斎の獅子舞をやって供養します。供養するというのは鎮魂して魂をやすらかにするのです。いまでは、亡くなった人の霊を楽しませると解釈しますが、実は亡くなった人の霊を、盆がすんだら早く遠くへ行って欲しいということで、いわば追い出すために獅子舞をしたことになります。

いろいろの御霊会《ごりょうえ》を述べる余裕がなくなりましたが、御霊会、すなわち鎮魂の芸能祭というものは、もと民間で行なわれていたものが、はじめて貞観五年（八六三）に国家的祭として神泉苑《しんせんえん》で行なわれたのです。いまの二条城のなかにあります池は、昔の神泉苑の池ですが、もとはもっと広い大きな池でした。ここで貞観五年に行なわれてから、京都の町のなかでさかんに御霊会が行なわれるようになります。庶民による御霊会が、天慶《てんぎょう》元年（九三八）にも行なわれた記事があります。あるいは、石清水八幡宮で怨霊すなわち疫神《えきじん》の鎮魂の行なわれたのが、「設楽神送り《しだらかみおくり》」というもので、これは、西国に始まって疫病のもとになる設楽神というものを、村から村へ送って、とうとう石清水八幡宮の境内に送られてきた。そしてそこで鎮めた、ということがあって、現在でもこれを石清水八幡宮では、一月十九日に疫神《えきじん》祭《さい》もしくは青山祭《あおやままつり》といって、行なっております。

この青山というのは、青木の枝を八角形の垣根状にたくさん立てて、そのなかへ疫神を封鎖する祭です。やはり封鎖呪術にあたる鎮魂です。ところが、常磐木《ときわぎ》の枝を立てて封鎖する仕方は、死者の霊を封鎖する殯にもあるんです。実は、殯と鎮魂の封鎖の構造物とは、非常に似ているということがいえます。

殯にはいろいろの型があって、先ほどお羽車で述べましたような、白布を棺の周りの柱に巻いて封鎖する。これは『万葉集』にも出てくる「白妙の大殿」ばかりでなく、三段幕とか五段幕といって、いまも紀州山間部で行ないます。『聖徳太子絵伝』では聖徳太子の殯にもこれがあてられています。こういうようなもののほかに、いちばん原始的なものは、常磐木を忌垣《いがき》のように立てて、亡くなった人の遺骸が地上に置いてあるのを見えないようにする。こっちからいえば見えないようにするのだけれども、死者のほうからいえば、外に出ないようにする。

それから、第三の型は、七本なり三本の竹を円錐形に組みまして、そして封鎖する。「円錐型殯」「モンドリ型殯」と私は仮に名づけております。先の常磐木を立てるのは「青山型殯」です。

それから、第四に、四方に先の尖った竹を立てます。これを「忌《い》垣《がき》型殯」という。それが小さくなって、公園などで、入ってはいけないという芝生のところ、道の両側などに立てるような形の殯が、「狼ハジキ」とか「犬ハジキ」とかいう。関東にはとくに多いのです。そういうのはいずれもなかにいる霊を外に出さないようにする。

モンドリ型殯（京都府八木町）

忌垣型殯（兵庫県加古川市）

霊屋型殯（滋賀県高島町）

素屋型殯（和歌山県橋本市）

ところが、だんだんと人間が、霊魂への恐れを稀薄にしてくるにしたがって、むしろ、なかの死者のほうを慈しむ気持ちが出てくる。これはヒューマニズムの成長にともなってそうなったのだと思いますが、そうなると、むしろ狼がそれを掘らないようにとか、何かがそれを侵さないようにという考え方になる。

これはちょうど、厳重なブロックか、コンクリートの塀のようなものを目して、鳥居素川《とりいそせん》

籠型殯（滋賀県高島町）

が、だいぶ厳重な家でなかなか泥棒は入れないだろうといったら、夏目漱石がすかさず、いや、なかに泥棒を入れてそれを外に出さない塀だ、といったという、あの手の発想の仕方です。むしろ、なかへ霊魂を入れておいて、荒魂《あらみたま》を出さないようにするというのが、殯の仕方であって、「霊屋《たまや》型殯」といって家形で出入口のないものとか、「素屋《すや》型殯」といって四本の柱に屋根だけのせたものとか、「籠《かご》型殯」といって籠をかぶせたり、網をかぶせるところもありますが、いずれも死霊が外に出ないようにする。

そういう殯というものを、設楽《しだら》神の鎮魂にも使う。いわゆる封鎖呪術というものが、鎮魂のなかで非常に大きな意味を占めているわけです。

そのほか、御霊会として、紫野《むらさきの》御霊会といってるのが、「やすらい祭」あるいは「やすらい花」というものになるわけです。それについで、京都では祇園の御霊会が始まったり、今の金閣寺のあたりの衣笠《きぬがさ》岳の御霊会が始まったり、双《ならび》ケ岡《おか》東麓の花園の御霊会があったり、いろいろ御霊会というものは、平安時代でも文献的にたくさん出てくるのですが、「やすらい花」は、田楽《でんがく》と踊り念仏とが結んだ鬼の乱舞が行なわれます。ですから田楽にも、御霊会の田楽というものがたくさんあります。

田楽は、何か豊作を祈るものだと一般的に考えがちです。また有名な明治初期の芸能研究者の小中村清矩《こなかむらきよのり》氏（一八二一―九五）は、「田夫野人の労を慰めんが為なり」と言っていますけれども、そういう田楽もあるにはありますが、起源的には怨霊を鎮めるために踊るものであり、怨霊を鎮めることによって、豊作の邪魔をする霊にのいてもらうというのが田楽、とくに田楽踊《おど》りというものの本質だったわけです。干魃がきたり、長雨がきたり、虫がついたりするのは、その御霊のせいである。したがって田楽というのは、まずそういうものを、ネガティブに、いちおう追い払ってしまう。その上でポジティブに豊作を願うんだということです。

ですから、庶民の信仰というのは、いつも二段屈折になるのです。いちおう邪魔を払っておいて、それから願うことをかなえてもらう、というようなことがある。その追い払う面に実は鎮魂というものがあるわけです。

のちにこの仕方が大念仏《だいねんぶつ》のなかで芸能化したものが、風流《ふりゅう》大念仏になります。こういうもののなかには、必ず風流傘（花傘）というのが出てきます。これもやはり、やすらい祭で最初出てくるわけです。すなわち、大きな風流傘の頂上に霊の依代《よりしろ》の松と花を立てまして、その周りで踊り念仏を行なう。祇園祭で、元治禁門の変の大火で焼けていまはなくなりましたが、「綾傘鉾《あやがさぼこ》」という大きい山鉾があって、これが現在の長刀鉾よりも先を進んで、綾傘という風流傘の下で鬼の棒振踊りをしていたのです。これが露払いをしていた。綾傘というのは、傘の周りに綾錦の垂幕（帽額《もこう》）を垂らした大きな傘で、その周りを、鬼の面をかぶったものが綾棒を振りながら念仏踊りで行進していたのです。

ですから、怨霊をその花傘の下に封鎖して、それを行進しながら送り、祇園の御霊会でしたら、それを賀茂川に流してしまう。鉾というようなものも、実は怨霊をそれにとり憑かせる依代で、これをもとの賀茂川岸であった東京極《ひがしきょうごく》まで送って賀茂川へ流した。こういうのが鎮魂としての御霊会の本質だったんです。ところが応仁の乱後、町衆が金持になって山や鉾があまり立派になり、流すのが惜しくなったので、いまでは集めたその怨霊を憑けたままで自分たちの町（鉾町）へ帰ってしまう。結局、考えれば矛盾したことですが、霊魂観念が変化すると、これを毎年毎年同じことを繰り返しているわけです。

大阪の天神祭も御霊会ですが、ここでは「鉾流し」があって流してしまう。精霊流しや灯籠流しと同じことで流してしまうのがほんとうなのです。お盆に帰ってくる御精霊《おしょうりょう》さんも、実は御霊的性格を持っているものですから、お迎えするときは、そーっとお迎えして、送るときには派手に送り出します。大文字の火を焼いたり、灯籠船を流したりということで、派手に送るのはそういう意味で、お盆というのは送ることに意味があるんです。

死者の霊は、一年に一回なり二回なりはお招きして、ご馳走する。肉親としては、お招きして一日でも長く置きたい。しかし、それは共同体全体にとっては非常に危険な存在ですから、お祭りして早く帰ってもらうということで、三河の山間部の古風なところは、十四日の晩に迎えて、十五日の朝、送ります。ところが、たいていは十三日にお迎えして、中一日おいて十五日にお送りするのはまだいいほうで、京都あたりはもう一日おいて十六日にならないと送らない。市民は十六日の早朝には経木塔婆《きょうぎとうば》を持って賀茂川へ送りますが、観光化した送り火、五山の送り火は十六日の夕方まで送らない。だんだんとヒューマニズムの成長と、送り火を夏の景物として楽しもうという美意識とが、霊魂のいる期間の延長につながったみたいです。

鎮魂というのは、封鎖してそこで鎮魂するだけでなくて、共同体の外へ行ってもらうのも一つの鎮魂です。したがって、宗教学ではこれを合わせて、「鎮送」などといっています。圧《おさ》えつけて、暴れないようにして共同体の外へ送ってしまう。

こういうことで、いちおう大念仏が、風流大念仏からやがて「盆踊り」というものになるのです。盆踊りも、「跳ね踊り」といいまして古いものほど非常に跳躍が激しい。大念仏のなかにも、「はね込み」といって、跳躍するのは、先ほどから述べていますような、圧えつける一つのマジカルステップが踊りの基本だったからです。

その、非常によく跳ねることの残った盆踊りのなかに、かつて住吉の願人坊がお盆の棚を回って歩いた「住吉踊り」があります。住吉の願人坊は、近畿地方一帯の、大阪から奈良あたりにかけまして、三ヵ月くらいかかってずっと供養にまわった。お盆を過ぎても、「勧《かん》

六斎念仏（京都市右京区水尾）

進《じん》」と称して踊って歩くと『麓の塵』にあります。これなどは鎮魂の盆踊りのよく残ったものですが、それがいつの間にやら阿波に渡りまして、「阿波踊り」になります。ですから狂騒的な踊りですが、あれもやはり踊り念仏です。それが踊り念仏であるということがよくわかるように、その中間に位する六斎《ろくさい》念仏というものを簡単に述べようと思います。

六斎念仏というのは、名前としましては、近畿地方によく残っていますし、山梨県まで分布しております。それから西のほうでは、最近では下関に、六斎念仏の名前と歌い方が残っているのがわかってきました。しかし実は、全国の民謡のかなりの部分が、この六斎念仏という、かつての踊り念仏の節で歌われているということもかなりよくわかります。

その一つの例としては、「さんさしぐれ」という東北地方の祝歌があります。実はこれは六斎念仏のなかの一つの曲に、「四遍《しへん》」という曲がありますが、この節に「さんさしぐれか萱野の雨か音もせできて濡れかかる」というあの文句を乗せたものです。南無阿弥陀仏を四回ずつ四小節ずつ繰り返すから「四遍」と言ったのです。

それから阿波踊りは、「阪東《ばんどう》」という一種の踊り曲が六斎念仏の曲にあって、その非常に速い調子にのせて踊る曲です。「白舞《はくまい》」「錣《しころ》」「新白舞」「新阪東」「融通念仏《ゆうずう》」「高野聖《こうやひじり》」というような曲名が伝わっています。古い伝承を持っている京都府、奈良県、和歌山県、福井県あたりのお年寄りには、これを歌うことができる方が少数は残っています。私も三十年来ほうぼうの録音を集めていますが、結局、最初の作曲というのは「融通念仏」から出ていることがわかりました。融通念仏が大念仏化して、それがあまり娯楽本位の、たとえば阿波踊り、住吉踊りのようになったもので、もう一遍元に戻して潔斎して唱える運動がおこりました。斎というのは精進するという意味です。精進的な信仰的な態度でこれを歌って、それに振りをつけて踊った。

要するに、怨霊と鎮魂ということですと、一般に怨霊というものは、特別な事情で亡くなった人の霊だけをいっているけれども、亡くなった人の霊というものは、ある期間はすべて怨霊であるということが、ここで述べた一つのまとめになるかと思います。ただそれは、祟《たた》りの面が非常に強いか、恩寵《おんちょう》の面が強いかの違いだけで、なんらかの形でみな怨霊的な要素を持っているのが、日本のすべての死者が神になるまでの中間神霊の性格である。

したがって、日本の宗教儀礼というものは、仏教であろうが、神道であろうが、民俗行事であろうが、それをいかにして鎮めるか、ということに全力が注がれる。その鎮めるための踊り、あるいは鎮めるための語り物、あるいは鎮めるための歌、というようなものが、日本のゆたかな芸能の実は宗教的な起源をなしている。鎮魂の芸能的種々相については、述べる余裕がありませんでしたが、人が楽しんだり、神を楽しませるというもう一つの前に、鎮魂があったということが、まとめになりましょう。

質疑応答

質問　鎮魂ということはそうすると、神道的な民俗信仰……。

五来　ええ、民俗信仰という面から考えないと、鎮魂は神道だけで考えると、「タマフリ」になってしまう。タマフリは石上布留《いそのかみのふる》の社というのがある。石上《いそのかみ》神宮というのが奈良県天理市にありますが、いまはあそこが鎮魂の本場みたいになりまして、全国の神官さんを集めて鎮魂講習会を毎年何回かやっているそうです。いわゆる鎮魂、タマフリによって病気を治す呪術を教えているわけです。だから、神官さんがタマフリの祈禱をするようになってきているわけです。

質問　仏教がそれに結びついてきたのはいつ頃からですか。渡来からすぐですか。

五来　そのへんのところは、民間で結びついた場合と、上流社会で結びついた場合で、少しずれていると思いますが、僧が鎮魂《たましずめ》のために天皇の殯《もがり》に奉仕した記事が出ますのは、天武天皇のときなんです。持統天皇元年に、「梵衆挙哀す《ほうしどもみねたてまつり》」と出ておりまして、これは坊さんが挙哀ということで、悲しい声でお経を読んだのだと思います。これもまた鎮魂ですが、のちには供養といいます。僧がお経を読んで殯の前で奉仕をした、ということで、このへんが公的な記録でははじめであると思います。

質問　鎮魂という信仰は、今後どうでしょうか……。

五来　先ほどいいましたように、霊魂への恐れというのは、しだいに少なくなってきている。しかし心の底を掘り下げると、何かあれば必ず出てくる。戦争で亡くなった人に対して、もしこのままでおけば、われわれの「うしろめたい」気持ちはなかなかとれない。交通事故死者や水死者のあったところもそのままにしておくと、不安である。つぎのものが引っ張り込まれるなどともいいます。ところが、仏教のほうが非常に高度に発達してしまったために、教理や理屈だけで鎮魂的な要求に応えなくなってきております。そうすると、いろいろ新興宗教というのが出てまいります。人間に霊魂への恐れと、死者への悲しみがあるかぎりは、この要求は必ず出てくる。交通事故で子供が死んだ場合に、なぜ自分だけがこの悲運に見まわれたのだろうと思う。その原因がわからないと居ても立ってもいられないから、口《くち》寄《よ》せ巫女や新興宗教の教師にきくと、あなたの三代前の霊がまだ浮かんでない、鎮魂してない、その祟りであなたはこういう災いを受けたんだという話になりますと、鎮魂をしてもらうために、その宗教に入っていきます。

　われわれの意識の下に、無意識の世界があって、われわれの行動に大きな影響を与えることを最近の心理学でもいいます。無意識の世界の現象として怨霊の問題は、まだまだ大きい問題であろうと私は思います。ですから、表に出して口でいってる世界と、いわない世界がある。大衆というのはものをいわない。それだけに意識の奥底に秘めているものによって支配される。それを知らないと、宗教も政治もうまくいかないのではないか。ただ大きな声で叫んで、デモってるものだけが思想ではありません。ものいわぬ思想というものがある。それを今日は強調したいと思います。

質問　山岳宗教でございます山伏とか、ああいうような行の精神から民俗信仰のなかに下降したものではないのですか、あれとの関連は……。

五来　むしろそういう意識下の非常に深いものを、山伏のほうが顕在化した。潜在化していたものを顕在化した、といったほうが、現象としてはいいかと思います。修験道《しゅげんどう》とか、山伏とかいうふうなものは、日本の庶民の本来もっていた庶民信仰に、神道とか仏教とか陰陽道《おんみょうどう》の衣を着せてつくりあげたものです。裸にしてみるというと、いまいいました、われわれの庶民の心の底に流れている宗教、ある場合には霊魂の信仰もあれば、ある場合にはマジカルな信仰もありますけれども、これが修験道という形で顕在化してくるわけです。

質問　お話を聞いておりますと、文化宗教なんていうものは、ほんとうの宗教、人間の心の奥底にあるものを抽象化し理論化してごまかしているように思うんですが。原始宗教のほうが、もっと根源の人間の生の原点に触れているように思うのですけれどもね。

五来 たしかに私もそう思います。その原点がいま問われているところです。仏教や神道のような人為的につくりあげた成立宗教の底の原点にあたるところが、庶民信仰というものだと思います。そこから出発してきて、だんだんと理屈っぽくなって、教理をもったり、教団をつくったり、教祖を立てたり偶像化したりするようになると、みんな、教理、教団、教祖に寄りかかって、坊さんも神主も信者も自分の信仰を深めるとか、苦行をするとかいうことがなくなっちゃう。

質問 その原点というものの内容が、非常に解明を要する問題なんですがね。

五来 それが霊魂観念、あるいは怨霊という言葉でいえばいえる。

質問 そうすると、宗教というものの従来の概念を、私は新しい概念で定義しなければいけないと思うのですが。

五来 これはいままで西洋からきた宗教の概念で、教団があって教理があって教祖がある、という三条件をもたないと宗教ではない。これはキリスト教を基準にしている。あとは全部呪術である、マジックである、というのがヨーロッパの宗教理論なんです。それを日本の宗教学者も借りているわけです。そんなもの借りなくたっていいわけですよ、こうして考えていきますと。

質問 そうすると、シャーマニズムというのは人間の根源に……。

五来 シャーマニズムのなかに鎮魂に関係のあるのをちょっといいますと、三代前に何か浮かばれない霊があるというようなのを鎮めるために、三代前の霊を呼び出した巫女、イタコなどのシャーマンが、その家の三代前はおろか、何代も前からの罪を全部暴くというのがある。そういうシャーマンの祈禱もあるのです。要するに懺悔《ざんげ》というのは鎮魂の一つの形です。懺悔発露《はつろ》といいまして、自分の悪いことを人に知ってもらうことは、自分に災いする霊を鎮める一つの道です。たしかにシャーマニズムは鎮魂につながる。家の悪口いってもらう、家の悪口いってもらうからには、大勢の人に聞いてもらわなければならない。たいへんなご馳走をつくって村中の人に集まってもらって、自分の家の悪口いってもらう。これも一つの浮かばれない霊の鎮魂ですね。そういうものもあるんです。

質問 大般若《だいはんにゃ》は……。

五来 これは、「物《もの》の怪《け》」その他を圧えるために、古代以来生まれたものです。これは全部読むわけではありませんで、このお経は、「空《くう》」を説いたお経だと聞かされたのと、民衆的な受け取り方は、悪いものが空《くう》じられてなくなってしまう、「空ずる」というのを動詞に働かして、悪い災いをなくしてしまう経典だ、というふうに理解したものだと思います。あるいは庶民にまじわる遊行聖《ゆぎょうひじり》などは、そう説いたのかもしれません。したがって、大般若経を読むときには、風を起こして読むわけですね。折本になっているのを空中でパーッと広げて、この風で悪魔を払う。それがすんだら、そのお経本で机の上を叩きます。大きい音を立てて叩く。この音を立てるのが鎮魂の一つの手段なんで、これを乱声《らんじょう》といいます。それから、般若声《はんにゃごえ》という大きな声を出すわけです。これも鎮魂のためです。

質問　鎮魂と、仏教でいう御供養とは、同じものとして考えていいんですか。

五来　鎮魂のほうはネガティブに考えて、その霊の持ってる罪、あるいは祟りを鎮《しず》める。その祟るような霊というのは、みずからたいへん苦しいわけです。それを鎮めてやれば、霊魂も非常に鎮まって楽になる。それが仏教で、供養するという意味になると思います。

質問　死者、霊魂と、生きている人間との間のコミュニケーションができるということ、そういうことを宗教のほうでは、心霊学とか心霊術というようですが、こういうものは昔から民族伝承として存在したものでしょうか。

五来　宗教というものは、生と死とがコミュニケーションできる、あるいは死者というものの霊魂が不滅であるということが前提ですね。同時に、宗教者というものは人間以上の力を持っている。奇跡を行なう力があるということ。奇跡と霊魂、霊魂の不滅と、奇跡の実在というものがなければ、宗教というものはありえませんね。いくら高度な教理があっても、哲学があっても、これは宗教ではありません。そういう死者とのコミュニケーションができるという能力、あるいは霊魂の不滅を認識する能力は、非常な自己否定的な宗教的な修行、苦行の結果として出てくるので、それは常識を超えてちっとも差支えないと思いますね。私は自己否定の結果が大いなる自我の肯定になる、人間否定からほんとうの人間性の開発、あるいは人間以上の能力の獲得ができるのだと思います。残念ながらそういう体験をする宗教家は非常に少なくなって、頭と口先でだけ宗教を説くようになったわけですけれども。

質問　密教と法華経、これはタマシズメに関係があるということですか。

五来　そうです、密教も法華経も仏教的鎮魂です。密教の滅罪真言、すなわち光明真言をとなえたり滅罪経典の法華経をよむと怨霊が鎮まり、死者の霊は苦しみからのがれるのです。仏教にはタマフリということはありませんが、滅罪で鎮魂します。

質問　呪師《しゅし》というのは……。

五来　呪師というのは、あらゆる宗教的な儀礼を行なうのですけれども、呪師がやるのでよく知られているのは、奈良東大寺のお水取りという修二会の祈禱がありますが、聖なる水を呪文や印《いん》で加持《かじ》することが、呪師の一つの任務になります。しかしそのような密教ばかりでなく、原始的鎮魂術として、反閇《へんばい》を踏んだり足音を立てたりして悪魔を払うのです。そして呪師の加持を受けた聖なる水は超自然的な力がついて、病気を治し、災いを避け、何よりも良いのは若返る水となるのです。参拝者はそれをもらって額につけたりしているけれども、そういう悪魔払いと超自然的な力をつける仕事を呪師がします。この水は元は玉体加持《ぎょくたいかじ》、香水加持《ずいかじ》といって天皇にさしあげたり、御衣を加持したりしました。

質問　写経の意義は……。

五来　写経も、経典に説かれているのでは、お経を読むということ、それを写すということ、それから、それを持っているということ。これは経典の功徳の非常に大きなものとして書かれているんですけれども、日本で山伏なんかがやる写経は、これとは違って如法経《にょほうぎょう》といいます。如法というのは潔斎して写すということですね。それは苦行の一つの形態として行なう。ですからお経は書かれないでもいいのです。山形市の東のほうにある山寺立石寺では、千年不滅の法灯というのを守ってるので有名ですが、この灯明番になる坊さんは、毎日写経しなければならないようになっていた。それは、ヨモギの茎を干しまして、その先を石で叩くと、先が筆のようになります。これは物が書けるようなものではありません。それから、墨は、石と石とこすり合わせてするわけです。何も色は出てこない。それでもって書くんです。「石墨草筆」で写経する。紙が濡れるだけで文字は残らない。これがほんとうの写経だということ。だから、仏教のいう、お経を読んだり、写したり、持ったりというのとは別な、行《ぎょう》として行なうというのが写経の意味です。そういうお経は、たいてい山の頂上に持っていって埋めてくる。何千メートルという頂上に持っていって埋めるのがまた大仕事でしてね。それも山伏の修行になる。そういう意味で、一種の修行形態であり、修行した人はまた鎮魂の力があるということで、宗教者として人びとから信頼されるということになる。

質問　信仰というのは、一つの行を通じないと、宗教の目標に達し得ないと思いますが……。

五来　『菊と刀』という本に、日本は「恥の文化」であって、「罪の文化」ではない、と書いているが、実は日本の庶民の文化というのは罪の文化なんですね。だから、あの本を、名のある学者が引用して、日本は恥の文化である、と書くのはどうかと思います。罪を意識するのは庶民の心というものです。それで、何か災害があれば、それを自分または先祖の罪として、または共同体全部の大きな罪として受け取るのです。罪を滅ぼすためにいろいろの鎮魂をするのですが、自分の罪を懺悔すること、自分の身を苦しめて社会のために橋をかけたり、道をつくったり、溝をつくったりすること、あるいは恵まれない人びとに施しをすることも鎮魂です。お葬式の参列者に「粗供養」を施すのも死者の罪ほろぼしの鎮魂をしているのです。あれは恵まれたモーニングの紳士などのもらうものではありませんね。これらはすべて庶民の罪業《ざいごう》観を基にしたものだということを強調したいと思います。

IV

死と信仰――補陀落渡海の謎

一　謎の補陀落渡海

現代は、生命は地球より重いが、死はきわめて軽くあつかわれている。昔も死は鴻毛《こうもう》よりも軽く、従容《しょうよう》として帰するがごとし、といわれた。しかしそれは霊魂の永遠性を信じていたからであった。ところが現代は、生と死をつなぐ霊魂が欠如しているから、生は全部で死は虚無《きょむ》である。もちろんそのような人間ばかりではないけれども、霊魂は不滅だといえば、その霊魂を見せてくれなどといわれるので、いわないのである。

霊魂や来世の信仰のない現代的人生観が、現世主義、現実主義になり、唯物的、刹那的になったのは当然であろう。そこから現代社会のいろいろの問題が簇生《そうせい》していることは、誰にもわかっているけれども、霊魂観や来世観に責任をもつ宗教が無力であれば、これはいかんともしがたいであろう。

いまポックリ寺の全盛であるが、これも臨終正念《しょうねん》で往生しようというポックリ死志向でなく、刹那的な安楽死志向である。往生も成仏《じょうぶつ》もそこではもとめられていないから、それは単講談社学術文庫のシンボルマークはトキを図案化したものです。トキはその長いくちばしで勤勉に水中の虫魚を漁るので、その連想から古代エジプトでは、勤勉努力の成果である知識・学問・文字・言葉・知恵・記録などの象徴とされていました。

に気やすめの宗教行為にすぎない。

　このようなときに、補陀落渡海《ふだらくとかい》の問題などは、ただ猟奇的な興味しかもたれないかもしれない。しかし宗教は現世よりも来世に価値をみとめ、そこから現世の生き方をもとめるものであるから、かつて信仰のためにおもむいた補陀落渡海をかえりみることも、無意義ではないであろう。事実、補陀落渡海は日本の宗教史の上で大きな謎であった。それでこの行為の価値を云々する前に、補陀落渡海という宗教現象の実態は何であったかをさぐってみよう。

　補陀落渡海については、実に多くの論文がある。日本の宗教史の研究で、これにふれないものはほとんどないといってよい。しかしどの研究も試論であって、明快な解決をしめしたものはない。第一に、補陀落渡海の記事のもっとも多い熊野そのものが謎で、その謎に謎を重ねたのが補陀落渡海ということになる。

　私は過去に『熊野詣』（一九六七年、淡交新社）や『日本宗教史の謎・上』（一九七六年、佼成出版社）に補陀落渡海の一項を書いている。そして「補陀落と常世」（『続仏教と民俗』一九七九年、角川選書）で補陀落とは日本人にとって常世であることが、この問題解決のキイノートであることを主張した。この考え方はまだ変わらないけれども、最近、私は山岳宗教に対して海洋宗教の存在を提唱しているので、この立場から補陀落渡海を照射してみたいとおもう。

二　辺路の捨身と補陀落渡海

日本の海洋宗教は、いまでは忘れられた宗教である。それは日本人の大部分が農耕生活をいとなむようになって、山岳宗教が主流をなす時代になると、海洋宗教もそのなかに吸収されていったからである。しかし、文献にも伝承にも地名にも、そして仏教や神道の信仰のなかにも、その痕跡をさがすことはあまり困難でない。まだ全国的な調査をすませていないけれども、海岸部の祭や年中行事の不可解とされてきたものが、海洋宗教の残存として解明できたものはすくなくない。青年時代の空海の四国修行なども、空海以前の海洋宗教の実践、すなわち当時の「辺路修行《へじ》」に参加したことがわかるのである。この「辺路」が「へんろ」と読まれ「遍路」の文字を当てたのであって、その過程で海洋信仰から大師信仰に変化したということができる。

熊野信仰も、これと同じように海洋宗教が先行していた。その痕跡がいまの「大辺路」である。熊野三山信仰は案外に新しいのであって、平安中期以降である。補陀落渡海はこの海洋宗教時代の実践であり、捨身行《しゃしんぎょう》の一形態と推定できるようになってきた。四国での空海修行の霊場に、捨身の伝承があるのと共通する。捨身には入定、入水、火定、投身などがあるが、熊野の古代にはすでに火定、投身が記録されている。投身は奈良時代の説話をあつめた『日本霊異記』（下巻）に出ている。称徳女帝のころに、紀伊国牟婁郡熊野村（那智）の南菩薩永興の同行禅師が、熊野から伊勢へ越える途中で崖から身を投げた話である。その身は白骨となっても舌だけは腐らずに『法華経』を誦していたとあり、『法華経』のために身を捨てたとされている。この永興は『続日本紀』（宝亀三年＝七七二）に十禅師に名をつらねる実在の人物である。

また熊野の火定は『本朝法華験記』の「奈智山応照法師」伝に、那智妙法山で『法華経』のために自らの身を焼く火定を行じたとあり、捨身行は那智を中心に行なわれていた。したがって、入水をふくむ補陀落渡海という捨身があっても不思議はない。『法華経』とともに永遠に生き、観音とともに永遠に生きようとする捨身である。『熊野年代記』の補陀落渡海も、ちょうど応照法師のころ、貞観十年（八六八）に慶龍上人がはじめて渡海したとされるのも偶然ではない。また四国でも平安初期に青年空海が、阿波大滝岳で捨身行を行じ、讃岐我拝師山の捨身岳で捨身したとつたえる。

『阿波太龍寺縁起』は、「速かに一生の身命を捨てて、三世の仏力を加うるに如かずと。即ち石室に遁居し、忽に身を巌洞に擲つ」（原漢文）と述べていて、その遺跡はいま「舎心岩」と称して現存する。したがって、その捨身は命がけの行道《ぎょうどう》の途中で、岩から岩へ跳ぶものがあったことがわかる。失敗すればもちろん死ぬが、「大師伝」はそのたびに天童があらわれて足を支えたとなっている。空海の承和二年（八三五）の入定もこの捨身の延長線上にあるが、これには別の要素があるので、ここでは説かない。その代わり、空海の弟子という智光上人の入定塚は、室戸岬の西寺・金剛頂寺にあり、四国辺路修行に入定があったことをしめしている。

熊野での捨身は那智の大滝から投身することもあったらしく、明治十七年（一八八四）にこの捨身を行なった林実利行者《はやしじつかが》のような人もあるが、入水往生は多かったであろう。『平家物語』に出る文覚《もんがく》上人の滝行の死は、捨身のようでもあり入水のようでもあるが、平維盛《これもり》はあきらかに入水往生である。しかもこれに出る山成島は補陀落渡海の聖地であるから、補陀落渡海は入水捨身の一形態であることがわかるのである。

以上のように、奈良時代から平安初期以降の捨身行は、仏教信仰の実践的表出であって、往生なり成仏をもとめて現身を捨てるという形をとっている。そのなかで、観音信仰の表出としてあらわれたのが補陀落渡海で、これがほとんど熊野と四国にかぎられたということは、辺路というものと深い関係があることをしめすものであろう。

三　常世と補陀落

以上で私は、補陀落渡海は日本の海洋宗教における辺路修行が、仏教的に表出された一形態であると規定した。そうすると、仏教的でない辺路修行が奈良・平安時代以前にあったことになるが、それはまったく記録されたものはないからわからない。しかし、いろいろの日本の民俗が仏教的民俗を通して原形がわかるように、辺路修行も仏教的補陀落渡海の記事や、その遺跡の現状などから、ある程度は復元的に見ることができる。

その復元のプロセスを説明することは多くのスペースを必要とするので、結論的にいえば、辺路修行の礼拝対象は海または島であって、海または島をとおして祖霊の国、すなわち常世《とこよ》を崇拝する。常世は古典では「根《ね》の国」「妣《はは》の国」とも「蓬萊《ほうらい》」とも表現され、ときには「海神の宮」ともよばれるが、平安時代の和歌や『蜻蛉《かげろう》日記』などでは「美弥良久《みみらく》」と書かれて、死者に会える国であるという。このミミラクが南西諸島の常世にあたるミールクであって、「弥勒《みろく》」とされたことは、海の彼方から世直しの弥勒がおとずれる弥勒信仰によって説明することができる。したがって、われわれの常世は琉球のニライカナイに当たることはもちろんで、ニはネ（根）であるから、根の国とおなじものと私は考えている。

このような常世の信仰概念が成立する古代生活の儀礼に、海洋民の水葬があったと私は主張するが、その文献的・民俗的根拠をあげれば、とても補陀落渡海の本論に入る余裕はなくなるであろう。しかし、補陀落渡海とよばれる宗教現象も近世に入ると、水葬儀礼を指すようになる。たとえば『大和高取藩風俗問状答』に、

> 補陀洛寺水葬　紀伊国牟婁郡浜の宮那智山麓
> 熊野権現を祠る。観音堂の別当を補陀洛寺といふ。真言宗にて、院主臨終の時は舟に乗（せ）て沈むと。

往昔は生涯の内に沈みしといふ。

とあるのは、現在でもきかれる伝承とおなじである。したがって、補陀落渡海は古代には水葬儀礼があって、海の彼方の常世に死者の霊を送る儀礼があり、この祖霊の恩寵《おんちょう》を請いもとめるための宗教者の実践苦行が辺路修行というものであった。そのためには捨身するほどの危険な苦行を必要としたのが、仏教が入ってから常世を南方海中の観音の浄土ポータラカとするようになって、補陀落渡海が成立する。

四国の「辺路」については『今昔物語』（巻三十一）に「四国ノ辺地（路）ト云ハ、伊予讃岐土佐ノ海辺ノ廻也」とあることはよく知られているが、どのように回るかは知られていない。しかし、これは海岸の岬や島を回る行道《ぎょうどう》をすることで、海の見える山を回る行道もふくむことは、四国霊場の奥之院を見ればよくわかる。空也が「阿波土佐両州海中の湯島」で観音を念じて、腕上焼香の苦行をしたというのも、辺路修行であり、補陀落渡海の一形態であったということができよう。この場合は湯島が観音の浄土、補陀落であった。しかし、このような辺路修行者のなかに、実際の捨身をこころざして大風に乗じて行方も知れず船をはしらすものも出たのが、記録にのこった補陀落渡海である。そのなかには入水往生するものもあり、難破水没するものが大部分であろうが、ごく稀には、どこかの島に漂着して消息不明になった者もあるのではないかとおもう。

四　那智と足摺岬からの補陀落渡海

補陀落渡海といえば、すぐ『熊野年代記』の貞観年間（八五九―八七七）から江戸時代、享保年間（一七一六―三六）までの二十人の渡海者が引き合いに出されるが、これには具体的な記述がない。むしろ『台記』（康治元年八月十八日条）や『発心集』（巻三）『観音講式』『蹉跎山縁起』などを見る必要があり、これによって渡海が現実のものであったことを知ることができる。まず『台記』を見ると、これは左大臣頼長が『千手経』の師、権僧正覚宗（三井寺園城寺羅惹院住、隆明の資、覚猷の弟子、熊野三山検校、那智千日籠僧）の若いとき、那智籠りのあいだに見た話を書き留めたもので、もっとも信憑性がある。

那智籠りの時、独りの僧有りて云ふ、我現身に補陀落山に祈参せんとし、小舟の上に千手観音を造立し、檝《かじ》を持たしめ奉り、祈請すること已に三年に及ぶ。北風七日止まざるを祈ると、此の如くして数日を経て、大北風を得たり。僧慶《よろこ》んで舟に乗り、南に向つて礼拝止む時無し。南を差して遥かに行く。僧都《すべ》て以て希有と為し、山に登つて之を見る。覚宗同じく見る。七箇日の間、風止まず。料《はか》り知りぬ、願成就せることをと。余云く、何の時なりや。答ふ。堀川院の御時なりと。（原漢文）

とあるので、補陀落渡海の具体的なありさまを知ることができる。

これに似た補陀落渡海は『発心集』（巻三）にもあり、「補陀落山コソ此世間ノ内ニテ、此身ナガラモ詣デヌベキ所ナレ」といって、小舟に帆をかけて北風の絶え間なく吹くときに、ただ一人乗って南を指して去ったとある。この書はまた一条天皇のころ渡海した賀東聖のことも載せているが、これは貞慶の『観音講式』奥書の方がくわしく、長保二年（一〇〇〇）八月十八日に土佐の室戸津から渡海したことがわかる。

また、渡海者のことが詳細に述べられた記録としては、鎌倉末の『とはずがたり』（巻五）があり、著者の後深草院二条（久我雅忠の女）が、土佐の足摺《あしずり》岬に実際に旅して現地で聞いた話であるから、これも信憑性があるであろう。この話では一人の僧が小法師一人を召使いとして足摺岬の辺路修行をしていたところ、もう一人の小法師が来て召使いの小法師をかたらって補陀落渡海してしまった。これを岬から見ていた辺路修行の僧は、一緒に渡海できなかったのは残念と、泣く泣く足摺りをしたので、足摺岬というのだとある。すなわち、足摺りというのは地だんだを踏むことである。しかし、これが単なる地だんだでないことは、『蹉跎山縁起』では賀東上人が「五体投地し発露涕泣し」たとあるから、これは補陀落世界（常世）に向かって、五体投地の礼拝と懺悔をすることであった。これが行道とともに辺路修行の実修であったことを知るのである。

補陀落渡海によく足摺りが出るのは、辺路修行の残存があるからであるが、その意味がわからなくなった段階では弟子や同行に先を越されて残念がって足摺りしたという話になった。『観音利益集』の某僧の補陀落渡海もそれであった。

室戸津ト云所ヨリ、密然ト云弟子一人ヲ相具シテ、ウツボ船ニ乗リテ、南ヲ指シテ奔リケリ。（中略）被レ具ザリケレバ、アシズリヲシテサケビツツナキフシテ

と、足摺岬ならぬ室戸岬の補陀落渡海にも足摺りはあったのである。

五　補陀落渡海船とうつほ船

以上のような補陀落渡海船が、最後にどうなったかは気になるところであるが、小船であるから沈没して、渡海者の霊魂のみが、捨身の功徳で永遠の生命を得て、目ざす補陀落に往詣したであろう。しかし、もっとも現実的な行方を考えれば、琉球へ着く可能性はある。私は琉球の南、八重山列島の最西端の与那国島へ渡ったとき、沖縄戦の特攻機で与那国島へ不時着したものが何機かあったと聞いた。そうすると中世の宗教的特攻機のような補陀落船が、琉球に流れ着いても不思議はない。琉球の記録である『中外経緯伝』（六）は次のように伝えている。

近来薩摩へ通じける事、薩州に日種上人と中道心第一の僧あり。常に観音弁天を祈る。紀州那智へ行て、此所より補陀洛山観音世界へ渡る事あり。日種上人も那智浦よりうづほ船を作り、外より戸を打付させ、風に引れて七日七夜ゆられて、琉球国に流れ寄る。(下略)

とあるのは信じていいのかもしれない。

ところで、ここに「うづほ船」とあるのは「うつほ船」すなわち丸木船であるが、補陀落渡海や常世からの「帰《よ》り来る神」の乗り物は、蓋があって密閉された船で、これを「うつほ船」または「うつぼ船」という。そのいろいろの例は柳田國男翁の「うつぼ舟の話」(『妹の力』)にあげるところで、中空な容器は神や霊の入れ物であるのが、これに反映しているという。しかしこれは棺桶を表示したもので、船そのものを棺桶に擬したのである。日種上人の話に「うづほ船を作り、外より戸を打付させ」とあるのはそれをあらわしていて、すでに死を覚悟していたことがわかる。

補陀落渡海の詳細な記録は、もう一つ『吾妻鏡《あずまかがみ》』(天福元年五月二十七日条)にあって、これは智定房(鎌倉武士、下河辺行秀の入道名)の補陀落渡海である。この記事は鎌倉での伝聞を記したものであるが、智定房が去る三月七日に熊野那智浦から、補陀落へ渡ったときの様子が記されている。

彼の乗船は屋形に入るの後、外より釘を以て皆打付け、一扉無し。日月の光を観ること能はず。只燈を憑む可し。三十ヵ日の程の食物並びに油等、僅かに用意すと。云々（原漢文）

これは目的地へ航海しようとする準備のように見えるので、大波が入らないために密閉したという見方もできるけれども、波の静まったときは、あたりの様子を見る窓ぐらいあってもよさそうである。その密閉の中で燈火をともせば窒息するし、干飯かなにかをモソモソ食べているというのもグロテスクである。私はすこし伝聞の尾鰭《おひれ》がついているとおもうが、渡海船の「一扉無し」は「うつほ船」の常として、真実であろうとおもう。その絵も現在のこっているのでのちに述べるとして、これは死を覚悟した者の棺桶、すなわち船形棺としなければならない。

このような宗教現象を、常識で解釈しようとしても無理である。常識を超えた現象はいくらでもあるし、宗教現象はとくにそうである。さかしらの常識をふりまわして利口ぶる者が多いために、今日の宗教は無力になった、と私は見ている。『吾妻鏡』の智定房は頼朝の那須野の巻狩に、大鹿を射損じたのを恥じて出家入道し、熊野山（おそらく那智妙法山であろう）に籠って日夜『法華経』を読誦していたが、「結局、此の企に及ぶ」とされている。

これは鎌倉武士の一途な信仰から、法華経信仰の「しめくくり」または「あかし」として死を賭した補陀落渡海の挙に出たのであろうとおもう。これが「結局」の意味である。宗教が常識を超えるのは、目前に死をおくからである。「厭離穢土《おんりえど》」といってちっとも厭離しない人が多いが、智定房をはじめ補陀落渡海者は、現身を捨てることによって、信仰対象の観世音菩薩のなかに永遠に生きようとする、死の弁証法の実践者であった。

六　那智曼荼羅の補陀落渡海

以上述べたようないろいろの補陀落渡海者のほかに『蹉跎山縁起』のなかには日円坊や阿日上人、正実沙弥など、渡海の先陣を争った話が多い。また熊本県玉名市高瀬、繁根木《はねぎ》八幡の稲荷山古墳に立つ補陀落渡海碑には、下野《しもつけ》の弘円上人と同行二人の名が記されている（拙著『熊野詣』）。そのほか鳥取県青谷《あおや》岬には、嘉慶三年（一三八九）の普陀落塔があって、渡海者は不明である。また、大阪府泉南市に、補陀落渡海者の記録があるときいたが、まだしらべていない。

これらの補陀落渡海には、時代により、場所により、いろいろの形態があって、一様ではないであろう。しかし、これは日本人の海洋宗教の実践形態である、捨身をともなうきびしい辺路修行が、仏教化して観音信仰に転換されたものであることはまちがいない。そしてこれが入定や火定、入水とおなじく、死を覚悟したものであるが故に、水葬の形をとったのである。そのために近世に入ると、すでにのべた『大和高取藩風俗問状答』のように、那智浜之宮、補陀洛山寺住持の水葬に固定してしまった。これは那智浜の沖に見える山成島の深淵に沈めたというが、ここは『平家物語』の維盛《これもり》入水の場所でもあった。したがって、ここに沈める補陀落渡海もあったろうとおもわれる。その場合は、船の底に穴をあければよいであろう。

補陀落渡海船の構造は『吾妻鏡』や『中外経緯伝』のような記録もあるが、もっとも具体的にこれをしめすのは、熊野那智曼荼羅（参詣図）である。この絵画は七、八本の現存が知られており、熊野比丘尼の絵解《えとき》にもちいられたと推定され、そのメーンテーマの一つに、補陀落渡海語りがあったことはたしかである。

この曼荼羅のなかで、室町時代のものとされる田辺市闘鶏神社本と、近世初期の那智大社本との間には相違がある。しかし、いずれも渡海船の屋形は板で密閉され、その四方に四門《しもん》（発心門・修行門・菩提門、涅槃門）が立てられ、忌垣《いがき》をまわしているのは、棺をあらわしている。そして渡海者三人は山伏装束に那智修験独特の烏《からす》兜巾《ときん》をつけて、浜之宮大鳥居から乗船しようとするところである。中央の天《てん》蓋《がい》をさしかけられたのが正式の渡海者で、左右の二人の幡をさしかけられた

弘円上人補陀落渡海碑（熊本県玉名市繁根木八幡宮、根井浄氏提供）

補陀落渡海船（『熊野那智曼荼羅』）

のが同行であろう。

補陀落渡海のなかで、あくまでも謎としてのこるのはこの同行である。しかし私は、『耶蘇《やそ》会士《かいし》日本通信』のなかに、天正五年（一五七七）に博多沖で入水した一山伏（苦行者）に、二人の同行がおなじく入水したのを見て、補陀落渡海の同行も同船入水したのであろうと思うようになった。この日本通信は一パードレが目撃したのを記しており、最後に「予がこのことを通信するのは、暗黒の子等（山伏）が虚偽の救（仏教）のために、光明の子等（基督者）が真の救（基督教）のために為すよりも、多くのことをなすを知らしめんためなり」と、感動の辞を以てむすんでいる。

古来の葬送儀礼から見た現代の葬儀と葬具

日本人の〝霊魂観念〟

『読売新聞』夕刊（大阪版「澪標」一―九、一九八〇年十月七日紙―一九八二年一月五日紙）をお読みの方で、今私が小さな論争をしていることにお気付きの方もあるかと思います。真継《まつぎ》伸彦氏が、仏教には霊魂はないので英霊を靖国神社に祭ることや、僧侶が葬式をするのはおかしいという主張をしたのに対して、私は仏教に霊魂がないという明文はないし、日本人の庶民信仰では霊魂の実在は自明のことだから、日本仏教が葬式を行なってきたのは当然だという論争です。

インテリですと、霊魂があるなどというと時代遅れの感じがするらしいのです。それで「仏教には霊魂なんかない」という生齧りの議論になる。最近は、お葬式をしないと、近代人らしくて文化人的な感じがする。そういう風潮はむしろ日本人一般の精神を荒廃させると思い、真継氏に対して四、五回ほどオープンな応酬を繰り返したわけです。こういう応酬を見て、日本人の霊魂観と葬制や墓制に一般の人々が関心を持てば、幸いであると思っています。

どこでも葬制というものの大前提には、それぞれの民族のもっている霊魂観というものがある。これをぬきに葬送儀礼はなりたちません。葬制にとって霊魂の無存在ということは生命線を犯す問題であり、それぞれの民族宗教の根源にかかわる問題です。

したがって、この日本人の霊魂観と、死んだらわれわれの霊魂はどこへ行くかという他界観をまず明らかにして、葬制の問題に入る必要があるかと思います。

従来も数人の方々が『仏教以前』とか『葬式仏教』などという本を書いて、葬式と民俗について論じたことがありますが、日本人の霊魂観、他界観を明らかにしていない。それでは体系的、組織的な所論にならないし、また、一般人に対しても、学問の世界でも十分な説得力を持つことができない。

日本人の葬制の根底にある霊魂観というものは、仏教以前の民族的な霊魂観がそのまま生きているということができる。キリスト教国などでは、古い宗教、古い霊魂観、古い他界観というものは、異教異端として、ほとんど撲滅されたわけです。

日本の場合は、あるいは東洋の場合は、仏教という宗教が異教に非常に寛容であったので、民俗宗教が生きのこったのです。そのために、仏教は日本ではこれだけ広く受け入れられた、ということができますし、日本は仏教国として今まで歩んできた。したがって、その根底には、悪口をいわれている「葬式仏教」「祈禱仏教」があり、これがあってはじめて日本仏教が成立した。これはかくれもない事実であり、死者の霊を成仏《じょうぶつ》させ、往生させるのは、仏教の担う菩薩行《ぼさつぎょう》である。

死者の魂の嘆き、残された者の悲しみ、こういう死の無常を宗教が受けとるのは当然なのです。また、死んだ霊魂というものは、宗教が救うほかにはだれも救ってくれない。生きてる者を救うには社会保障もあるし、あるいは人生観や哲学でもなぐさめられるが、霊魂は宗教によってしかなぐさめられない、救われないのです。そういう重大な菩薩行を、仏教は葬送をとおしてやってきた。そしてこの最も大事な点を下級僧侶の聖《ひじり》という人々が担ってきた。その聖によって仏教は庶民のなかに浸透したといえると思います。

そこで、民族的霊魂観ですが、これは簡単にいいまして、恐怖と恩寵《おんちょう》の二面性をもっているといえる。亡くなった人の霊魂は荒魂《あらみたま》で、恐ろしい存在であると一方では思われている。他方ではまた、残された人々を保護する恩寵を与えるという力をもっている。そういう二面性のあるものとして、日本人は霊魂というものを受けとっています。

ところが、その荒魂というものは、ただいつまでも荒魂にとどまるのではなく、これが変化し昇華《しょうか》していくと信じられていた。いわゆる宗教儀礼としての葬送儀礼、供養儀礼によって、すなわち、鎮魂儀礼、滅罪儀礼、浄化儀礼といいますが、そういうものをとおして荒魂は高められた恩寵の霊魂に変わっていく。死んで間もない霊魂は荒魂は荒魂ですけれども、それが和魂《にぎみたま》になっていく。そうなるに従って子孫や共同体に対して恩寵性が増してきます。

これがよそにない日本人の霊魂の昇華という信仰です。そしてしだいに霊魂が高められ、浄められていくに従って神に近づいていく。神道の方では神と霊とは初めから別であるときめておりますけれども、庶民信仰では人が神になり、死者の霊が神になるのです。氏神というのは先祖なり始祖なりが死んでのちに、神となったものです。

このようにして霊魂はやがて神になり、子孫を守る神になる。氏の神、家の神になる、というように霊魂は昇華していきます。

殯と鎮魂

しかし、亡くなってから間もない死霊は、やはり恐怖的な面が強いものですから、一時これを封鎖することが葬送儀礼の基本になります。この封鎖呪術にあたるものを殯《もがり》といいます。すなわち、霊をなんらかの構造物のなかに封鎖する、その事または構造物が殯です。「殯《ヒン》」というのは中国から借りた字であって、「もがり」または「もがる」というのは日本の言葉です。恐怖的な段階にある霊魂に対して対抗し、これを抑えることが「もがる」です。

その殯に奉仕する人々を古代には遊部《あそびべ》といいました。遊部は多く天皇家や貴族に属し、その死者の殯の行なわれている間、殯のなかで奉仕していたのですが、八世紀初めの持統天皇から文武、元明、元正、聖武天皇に至って、火葬と仏教的葬祭に変わる過程で殯が廃止されます。そうすると遊部の必要性がなくなったために、行基《ぎょうき》の聖集団のなかに入って志阿弥《しあみ》（沙弥）になったものと私は考えています。すなわち、行基集団が、殯が廃止されて火葬に変わっていく段階で爆発的に大きくなったのは、そのためだろうと思います。

その遊部が殯のなかで何をしたかといいますと、荒魂の霊を鎮めるために、鎮魂の神楽《かぐら》をしたというのが、私の遊部鎮魂神楽説です。

最近まで葬祭神楽は隠岐、出雲で行なわれておりました。一般の人には行なわれないで、神楽衆が亡くなったときに、それを送るために葬祭神楽をした。あるいは十三年目に一度、菩提神楽《ぼだいかぐら》というものをして亡くなった霊を弔《とむら》った。そういう神楽というものは、天照大神が隠れたとき、天岩戸《あまのいわと》（神話でありますが）で行なわれたのが神楽の初めで、まさしく鎮魂神楽です。

ところで、殯の施設というのは、常設でありませんから現在ではわかりません。しかし、現在残っている墓上施設を見ますと、古代の殯が類推できます。宗教民俗学的には、現在どのような墓上施設があるのかということを調べて、古代の殯を推定しています。

その墓上施設というのがいわゆる葬具であって、現在ではこれを指導する僧侶にも解釈できないものになっている。いわんや使う方も作る方も、もう意味がわからなくなっているのですが、それを明らかにするのが、また宗教民俗学の使命ですから、ある程度までわかるようになってきました。

吉見百穴（埼玉県吉見町）

　一言でいえば、原始的霊魂観に対応するところの封鎖呪術から、葬具というものは生まれてきたのだ、ということがいえます。古代の葬制にはしばしば抱石葬《ほうせきそう》というのがあるのも一種の封鎖呪術です。貝塚から人骨が出てきたときに、大きな平石が胸の上に載っています。これもやはり、死霊の荒魂を封鎖するためにこういう石でもっておさえるという殯をしているわけです。その抱石が、支えの石を四つ、あるいは二つ置き、その上に平石を載せると支《し》石墓《せきぼ》になります。それがやがて巨大な石で石室を作るようになると、普通見る横穴式古墳になり、盛土がなくなると飛鳥の石舞台のような石組みが露出する。このように石造巨大古墳の築造も、古代の葬制の殯から導き出すことができます。

　横穴群集墳というものは日本各地にあります。九州地方に特に多いのですが、東京付近ですと吉見《よしみ》百穴《ひゃっけつ》。二百十いくつの横穴が階段状に斜面いっぱいに掘ってあります。おそらく貧しい人々はそこを利用したのでしょう。貴族ですと一つの墓を専有しますが、庶民は共同で横穴を利用するために、いく人もの死者がそこに葬られる。長い間そこが使われたのですが、洞穴そのものが一つの殯であって、霊魂はそこから黄泉国《よみの》へいくものと信じられていました。

また、埴輪《はにわ》というものが、殉死の禁からはじまったということ、それをしたのが野《の》見宿禰《みのすくね》だということは知られています。形象《けいしょう》埴輪といいますと、人とか家とか動物、道具などをかたどった埴輪ですが、これは死者の死後の生活に不便のないようにするといわれてきました。しかし実際には、埴輪は別の起源をもっているというのが、有力な説になっております。

それは古墳のまわりに青柴を立てて取りかこむための、円筒埴輪、または朝顔型埴輪からはじまったという説です。そうすると、これは私のいう「青山《あおやま》型殯」で、『古事記』や『日本書紀』では「青柴垣《あおふしがき》」（蒼柴籬）などといわれるものです。古墳の封土の土《ど》留《どめ》の杭のように並べたともいわれますが、これも象徴的な封鎖と考えることができます。

また、埴輪を作って天皇家の葬送をあつかう土師《はじ》氏の祖となった野見宿禰と、当麻蹶《たいまのけ》速《はや》が相撲をしたことは有名な話です。ところが、当麻氏もまた飛鳥時代の葬送の家だったもので、その氏寺が奈良の当麻寺です。この寺は万法蔵院から禅林寺となり、やがて当麻寺となったものですが、ここに浄土をあらわす「当麻曼荼羅」があったということは、当麻氏の古代的葬法が仏教的葬送に転化したことを意味するものだろうと思います。

また、当麻蹶速と野見宿禰がどうして相撲を取らなければならなかったかといえば、相撲

（すまい＝素舞）そのものが、死者の鎮魂の儀礼だったからです。その儀礼が現在の相撲で「四股《しこ》を踏む」ということになって残っている。四股は力強い足踏みをあらわす「醜踏《しこふみ》」で、死霊を鎮めるマジックであり、私はマジカルステップとよんでいます。呪的な足踏みで、死者の荒魂を鎮めるのです。

このことから宗教的芸能といわれるものは、みなマジカルステップを踏むことからはじまります。歌舞伎などで「六方を踏む」というのがあります。花道の七三のところで主役の俳優が、恐ろしい面相の隈取《くまどり》などをして見得をきり六方を踏む。そういうところまで鎮魂のマジカルステップが残っている。私は葬墓文化という言葉を使っておりますが、葬制・墓制と鎮魂呪術からできた日本の文化は非常に多い。寺そのものが無目的にできたものでなく、天皇、貴族、あるいは村の共同の寺として、祖先の霊を祭るためにできたものが大部分です。あるいは、武家なども寺を一族の死後の安楽のために造ったもので、京都の大徳寺なども戦国大名たちの造った頭塔《たっちゅう》寺院をもって一山を形成しているのも葬墓文化と考えられるわけです。

そういうことで、古代の霊魂観から古代の葬制が成立し、それが現在の葬墓制に及んでいるということができます。それが奈良時代のすこし前ぐらいから仏教が関与するようになりました。紀元七〇〇年には道昭という僧が、七〇二年には持統天皇が火葬によって葬られるというように、葬送の儀礼は急速に仏教化してきます。

他界観と葬法

ところが、死者の霊魂のいく他界というものは、そう変わっていないのです。宗教学的には天上他界、山中他界、海上他界、地下他界に分類しています。山中他界は、自然に山の中に生活する人々、山の麓に生活する人々が、その麓に死者を葬ることから山に死者の霊魂を置くということで、あの世を山のなかに設定しました。そういうところには現在でも地獄谷とか、弥陀《みだ》ケ原とか賽《さい》の河原とか、何々の洞窟というような名が残っているわけです。そういう山の山の神は、実はそういう霊たちのいちばんの親玉といいましょうか、始祖霊なのです。山の神というと非常に怖いものであります。ある場合には鬼や天狗であらわされたり、山姥《やまんば》や鬼婆であらわされたりします。しかし、これもやはり原始的霊魂観の恐怖的側面が、山の神というところまで糸をひいているからです。しかし、それが仏教の他界観に置き換えられます。高野山のようなところは高野浄土といわれ、ある場合には弥勒菩薩の浄土、ある場合には阿弥陀如来の浄土というように、浄土という概念が山に定着してきます。

一般に浄土といいますと、「当麻曼荼羅」に描かれたような、あるいは「観経曼荼羅」といって、『観無量寿経』によって描かれたものなど、ああいう世界があるように考えるわけですが、日本人は、あれはあれ、自分たちはやはり山の中に浄土があってそこに帰るという概念がある。したがって、「霊園」というものは山のなか、あるいは都市周辺の山上に造成される。これは日本人の他界観が山に結合しているからです。もし市中に墓がある場合でも、その寺は何々山という山号をもっている。これも山に死者の霊が止まるという一つのあらわれです。

海上他界の場合は、海の彼方に霊がいくという他界観念ができるについては、水葬という儀礼が先行していたことを想定しなければならないと思います。

『古事記』『日本書紀』のなかには、伊弉諾《いざなぎ》・伊弉冉尊《いざなみのみこと》が最初に産んだ子供は蛭子《ひるこ》という蛭のように骨のない子供であったらしい。あるいは、死産か未熟児であったかもしれませんが、葦舟《あしぶね》に乗せて流したという。こういうのが原始・古代の水葬儀礼を暗示しているわけで、木や柴を編みその上に乗せて流した。しかし、その水葬はおそらく流すというより沈めたであろうと思います。

というのは、『日本書紀』(神代下)に「八重蒼柴籬《やえあおふしがき》」という水葬の神話が出てきます。天孫・瓊瓊杵尊《ににぎのみこと》が豊葦原《とよあしはら》を治めるために天上から降りてきた。それで出雲の大国主神《おおくにぬし》に国ゆずりを交渉いたしますと、大国主神は自分の息子に相談しましょうと、長男の事代主神《ことしろぬし》に相談した。すると、国土は譲りなさいといって事代主神は海の上に八重蒼柴籬を作って、船べりを踏んで、水の中へ飛びこんで去ってしまった、とあります。去ったというのは死んだということでしょう。これなども青い柴の垣根を作って、そのなかに沈める水葬儀礼をあらわしていると思います。現在、島根県の美保《みほ》神社では四月七日に蒼柴籬神事をします。二隻の船の上に柴で垣根を作り、そこにご神体を祭り、お祭をすることになっていますが、そういう形で水葬が行なわれたであろうと考えられます。

それに対して大国主神はどうしたかといいますと、やはり「八十垧手《やそくまで》」というものを作ってそのなかに隠れた。これも柴を八十といいますから、幾重にも囲ってそのなかに入って亡くなったということです。そうすると、これは私が命名しております「青山型殯《あおやま》」にあたります。墓の周囲を青い柴でもって囲む葬法、現在ではこの青柴垣、青山という殯をしますのは、ごくわずかになりましたけれども、紀州の山間部にはまだ残っております。高野山などでは樒《しきみ》の枝をたくさん持っていって、埋葬の上にちょうど青い山ができたように、会葬の人たちがそれをみな挿します。これが青山型殯です。

これがもと一般的であったろうと思われますことは、神葬祭では玉串奉奠《たまぐしほうてん》というのをやります。玉串の根元を向こうにして墓前に置くという儀礼は、やはりこれは榊の枝を墓に挿すということです。おそらく風葬の行なわれた時代には、死者が見えないように青柴で囲ったものであろうと推定するわけです。

あるいは、青森県にはヒガグシといって杉の葉をもって墓の上をおおう、というようなことも報告されています。八重蒼柴籬、八十垧手というものが、古代の葬送につかわれたということがわかります。

なお、蛭子《ひるこ》というのは「エビスさん」といわれているのですが、亡くなった人が漂流していますと、漁夫は「エビス様」と称してかならず船にあげて持ち帰り、丁重に葬る。そうすれば、必ず大漁がある。そういうところからエビスというと豊漁の神になった。エビスという特別の神様がいるのではありません。亡くなった人を祭ることによってえられる恩寵というものが、エビス信仰になった。海の彼方から寄り来る霊、または神と考えてエビス神という。エビスは外国という意味ですが、海の彼方の国というのが亡くなった人の霊魂の集まっている海上他界である。そういう海上他界の存在は、古典のなかに常世《とこよ》という名前でたくさん出てくるのでわかります。

常世郷《とこよのくに》は少彦名《すくなひこな》神や、稲飯命《いないいのみこと》と三毛《みけ》入野命《いりぬのみこと》という神武天皇の兄さんが海上で死んでいった他界でもある。神武天皇は四男で、古代の末子相続をあらわしていますが、長男の五瀬命というのは長髄彦《ながすねひこ》のために矢を射られて死んだ。神武天皇は、大和へ入るのに大阪湾から入れないので、熊野のほうを回って南から大和へ向かったときに、二男の稲飯命と三男の三毛入野命は熊野のほうで海に入って常世国に行ってしまった、と書かれています。すなわち、亡くなった人の霊魂が集まる海上他界が常世であったことがわかります。

常世の「常《とこ》」というのは不老不死、永遠に変わらないということです。それが物語になってきますと、常世へ行ったものは年をとらないで帰ってくる。沖縄あたりにはたくさんそういう話があります。

日本では雄略天皇二十二年の歴史事実であるように書かれていますが、丹波国与謝《よさ》郡管川の浦島太郎と普通物語でいっております浦の島子なるものが、亀につれられて常世の国へいって帰ってきた。しかし、一つも年をとらなかったが、玉手箱を開けてはならぬという常世の戒めを破ったために忽ち年をとって死んでしまった。

　この海上他界の常世というものが、ある場合には蓬萊《ほうらい》の国、ある場合には龍宮というように語られたことをあらわしているわけです。あるいは、先祖の霊がいるというところから、「根《ね》の国」という言葉でもいわれております。日本でも先祖のことをルーツ、根といいます。先祖の国、先祖の霊の国です。それが仏教に置き換えられますと、海の彼方の浄土、観音の浄土となる。すなわち、インドの海の彼方の島に補陀落《ふだらく》＝ポータラカという世界がある、観音の浄土がある、ということから常世を補陀落浄土とよぶようになる。これは例をあげるとたくさんありますが、熊野の沖には補陀落浄土があって、死ぬ覚悟で多くの人々が補陀落渡海をしたということが語られているわけです。

　次に風葬について述べますと、いわゆる殯の葬というのは、天皇の遺骸をだいたい三年間地上に置いたことが『日本書紀』からわかります。神武天皇から天武天皇まで殯の期間を平均しますと二年ぐらいです。いわゆる三年忌というのが、風葬が終わる時期、殯の終わる時期と考えられているわけです。その間、地中に埋葬されません。この殯を何のために行なうかについては、中国の殯の模倣説があり、また蘇生を待つという説があります。

　この学説史は省略しますが、いかに未開な時代でも一年半もたって、白骨化した死骸が蘇生すると信じたというのは考えられないことです。折口信夫氏が蘇生説を出すと、これが定説のようになって、つい最近でも真継伸彦氏は殯の蘇生説を書いています。しかし、これは最初に述べたように、日本人の霊魂観というものが、死んで間もない間は荒魂《あらみたま》であって、恐ろしいという原則を踏まえないから、その場あたりの蘇生説になるのです。もっとも霊魂が存在しないのなら、霊魂が戻ってきて蘇生するということもありえないわけです。しかし、殯の構造を見ても、すべて死者を封鎖して一定の区域内に罪を滅し浄化することによって、昇華《しょうか》せしめようとしたことがうかがえます。この滅罪浄化が仏教に置き換えられると、成仏《じょうぶつ》または往生ということになります。

墓上施設と葬具

そこで、殯《もがり》のいろいろの形態をみますと、文献などの蒼柴籬《あおふしがき》（青柴垣）、八十《やそ》坰手《くまで》というのが、現在の樒《しきみ》や榊《さかき》を墓の上に挿すことによって、山の形をつくることに残っているので、「青山《あおやま》型殯」と名付けます。あるいは、葬具としての四本幡《しほんばた》とか天蓋《てんがい》、あるいは灯籠などの七本の竹を墓の周りに挿して、上を一つにまとめて縛る。ちょうど円錐形の虎落《もがり》みたいな「モンドリ型殯」というものになる。モンドリというものも「もがり」からひかれたのではないかと思われます。

あるいは、この墓の周りに垣根を囲む。これが「忌垣《いがき》型殯」です。忌垣は「釘貫《くぎぬき》」ともいいますが、現在の墓の周りに作る石の垣根は、忌垣が石造化されたものです。

墓の周りに生垣《いけがき》を作るのは、青山型殯が近代化したものです。それから素屋《すや》といって、四本の柱を墓の後ろに立てて屋根だけをのせた殯。四方の風を通す吹きはなしになっている。これを「素屋型殯」といいます。こういうものも古代において行なわれたであろうと思います。

最も典型的な殯は「霊屋《たまや》型殯」であって、墓の上に家型の建物やそのミニチュアをのせます。高野山には石造霊屋もありますが、入口がどこについているか、わからないくらい閉じ込めます。棺台の上屋《うわや》も霊屋型であるし、霊柩車も霊屋型の構造です。これには四方に門《もん》がついている場合もあり、殯には四方に門があったことを想像させます。「殯屋」といって墓の全体をおおってなかに人が何人か入れるような霊屋を庶民が作っていた例は、奈良時代の『日本霊異記』（上巻第十二話、下巻第二十七話）に出てきます。

その他に、墓の上に籠のようにかぶせるもの。ザルだけをかぶせたり、目籠《めかご》をかぶせたり、あるいは、割竹で墓全体を囲うようにするものもありますが、そういうもので霊魂を封鎖するのが「籠型殯」です。あるいは、周りに積み石をして殯をする。「積石型殯」です。

殯にはいろいろなものがありますが、殯にはかならず門があります。四つの門がある場合には四門《しもん》といい、平安時代には仏教上の発心門《ほっしんもん》、修行門、菩提門、涅槃門《ねはんもん》という額をかけるようになった。東北地方に行きますと、今でも残っています。墓地の隣に四本柱が立ててあ

積石型殯（滋賀県高島町）

り、葬式があれば四門の額を四方にかける。ちょうどその光景は相撲の土俵の光景と同じで、その周りを棺と会葬者が回りながら引導が渡される。四門はまたそれを簡単にしまして、葬列が家の門から出るとき、また葬列が墓地へ入るときに、二人がコの字型に曲げた篠竹を持ってそのなかを葬列がくぐる。その篠竹を仮門《かりもん》という。これは仮にしたというのではなく、殯門《もがりもん》が仮門となったのだろうと考えます。

　あるいは、仏教的に丁寧なところは忌垣型殯に四十九院《しじゅうくいん》というのを作る。弥勒菩薩の浄土は兜率天《とそつてん》という天です。あまり上等な世界ではない。というのは、人間的な喜びが満ちみちた世界が兜率天です。宗教的には非常に俗っぽいところですが、その兜率天内院の弥勒菩薩の浄土には寺が四十九あるという。そのいちばん中心の摩尼宝殿に弥勒菩薩は、五十六億七千万年という長い間いる。五十六億七千万年目にこの地上へ来て人々を救済する。その時になりますと、世界はすべての欲望が充足され、多くの美女がおり、食物も充ち足り、世界は金でつくられるようになる、ということが説かれています。そういう教えをまねて、四十九院の忌垣を作るということが現在盛んに行なわれています。

それが棺台に鳥居がついているのも、棺台そのものも殯の形を残したものである。日本人は非常に義理がたい民族であり、先祖のやったものはなるべく変えない。そうすれば、霊も喜ぶだろうという思いやりから、古代の姿を、文明社会までずーっと相続してきた。こういうのを伝承性といいますが、古いものを持ち伝えて次世代に引き渡してきたのです。こういうものが日本の文化というものをあまり変えなかったもとで、文化の大きな断絶なしにきた。そういうなかで大きな革命もなく、政治も非常に安定してきた。たまには、大化の改新、源平の争乱、南北朝の動乱などもありましたけれども、概して法外な殺戮もなしにきた、というのも日本民族の伝承性のおかげだと思います。そういう意味で、日本人の伝承性をいちばんよくあらわしたものが葬墓制だと考えられます。

立山の経帷子（富山県立山風土記の丘資料館蔵）

次に葬具の経帷子《きょうかたびら》といわれるものも、もともとは風葬の死者をおおった布から変化したものである。それが土葬になり、火葬になってきても、衣でおおう、あるいは死者に着せるということも同じ理由じゃないかと思います。寺では、棺をおおうための袈裟を用意しておくところが多かった。野袈裟《のげさ》といいますが、これは野草衣（野葬衣）という風葬死者をおおった布が仏教化して袈裟の功徳で成仏させようとしたものです。頭陀袋《ずだぶくろ》も仏教が死者を修行に出して成仏させる工夫です。

あるいは、田舎ですと、葬列の先頭にかならず松明《たいまつ》を持つ。この松明も元は殯において使ったことは、『日本書紀』（仲哀天皇条）の「无火殯斂《ほなしあがり》」の語で推定されます。現在都市の葬送でも、灯籠、すなわち墓灯籠をともしますが、これも松明の元の殯火《ひんか》の変化です。三重県熊野市では、ブリキで作った墓灯籠を四十九日間つけたが、今は火をつけないで素屋型殯の横木に下げて、葬式がすんだあとでも墓の飾りに残してあります。都会でも墓の前に石の灯籠を立てるのはこの変形です。形は変わるけれども、もとは殯にはかならず火をたいた。これは荒魂を火で鎮魂する意味から、その罪穢を浄化する火となり、やがて死者の魂のシンボルとしてともしたものと考えられます。したがって、この火をたく人は非常に重い役で、今でも先松明《さきたいまつ》を持つ人は筆頭姻戚、縁組をしたいちばんの重い人が持つものです。元は殯火といったものがこのように形を変えて残ったのです。

それから、死者の棺に入れる念仏紙も『空也誄《くうやるい》』に、空也上人が死者の上に念仏を書いた紙を載せていたというところからきており、念仏の功徳で死者を往生させようというのです。その上に傘のように風葬の死者をおおっていたものが、花縵《はなかずら》から花籠に変わった。花籠というのは非常に派手で、きれいなものです。古くから最近まで伝わったこういう葬具を現代にマッチさせるような形で生かしていく方法はないものだろうかと思います。

花籠というのは竿の上の籠のなかに、いっぱいの切り紙と、硬貨などを入れておいて、これを道の辻ごとでふりますと、花びらのように紙が散りお金が落ちます。それを子供が拾う。これが一種の布施になるわけです。葬式の布施は、そのようにして配ったもので、特定の会葬者に与えるものではなく、むしろ不特定多数の恵まれない人に与えるものです。これが粗供養であり、あるいは布施というものです。今の粗供養は、あまねくではなくて、一部の人に施すということになっています。ことにモーニングを着た人がもらうものではないのだと私はしばしばいっているのですが……。

布施をすることを仏教では作善《さぜん》といいますが、これは二つの意味がある。一つは社会的作善で、恵まれない人に施しをする。また人々の困難を助けるため橋をかける、道を作る。行基が道を作ったり橋をかけた、というのはそういう死者の供養のためにといって、多くの人を動員したものと推定している。単

墓上の花籠（京都府丹後町）

なる社会事業として、今の建設省のするようなことをやったのではない。宗教的動機から行なわれている。その宗教的動機とは何なのかを考えれば、その宗教的動機を現代の葬送においても生かしていくことができると思います。その作善を意義あらしめるためには、霊魂というものは実在するし、残された者はその遺志を実現しなければならない。霊魂は亡くなってしまってからは個人的な欲望はなくなりますから、生前に自分ができなかった社会的奉仕をしてほしいという願いが起こるのは当然だと思います。

こういう普遍的な遺志を生かしていく方向に、葬送は持っていかなければならない。それを昔の人は花籠というものにも表現していたのです。

花籠の形は傘状の割竹に切り紙を貼ったヒゴが垂れています。今でも農山村などで一対立てているのは、墓の飾りとしても大変美しいものです。

それはかつては殯のときに上傘、すなわち花縵をかけたものが残ったのです。髭籠《ひげこ》状の傘をさして立てたのですが、単なる籠でなくて、放射状にヒゲまたはヒゴを出したというのはそういう意味がある。そしてこれを花籠として金をまいて施しをするようになったのは、仏教の影響です。すなわち、宗教的作善を主な目標にするようになった。そういう現代的意味を、この葬具に認めていく必要があると思います。

このような風葬の行なわれた場所としては、歴史的に鳥辺野《とりべの》とか化野《あだしの》とかが有名です。熊野というのもかなり後々まで風葬の残ったところであるといわれています。熊野ではいまだに古墳が一つも見つかっていないということは、風葬と水葬を後々まで行なったところであろうと思われます。

以上、水に流す水葬、自然に放置して風化するのを風葬といいます。死体を葬るのに特別に手を施さないで葬った葬法を私は自然葬と呼んでおります。

土葬になると文化葬であって、古墳の築造はそのあらわれです。これのできない人々も簡単な土葬を行なうようになりました。これは死体を隠せばいいということで「葬は蔵《かくす》なり」ということが、大化の薄葬令のなかに出てきます。大化の改新で薄葬を命じたとき、大きな古墳を作ってはならない、ただ隠せばいい、ということから土葬が一般化してきました。

いちばんの文化葬は火葬です。これが現在では最も普及しています。ご承知のように、道昭が文武四年（七〇〇）に初めて火葬になった。二年たって持統天皇は、殯のあとで火葬になった。これも随分変わったことです。ちょうど一年間、風葬の殯をしたのち、飛鳥で火葬にされ、骨壺に入れて、主人である天武天皇の墓に埋葬された。その天武天皇は木棺に入っておりまして、持統天皇は骨壺に入れられていた。これは、鎌倉時代にこの陵が盗掘にあい、そのときの取り調べ状況を藤原定家が『明月記』という日記に書き残したのでわかりました。

ところで、この火葬をもっぱら行なって、文化葬を普及させたのは行基集団です。行基集団のなかには志阿弥《しあみ》という者がいて、火葬を行なったというけれども、志阿弥というのは実は半僧半俗の沙弥《しゃみ》です。普通、僧になる前は沙弥である。沙弥から僧になるが、昔はいつまでたっても沙弥のままでいた者がいる。僧にならないで沙弥のままで庶民のための宗教的働きをする。半僧半俗のままで、しかも下級の仏教的働きをする。このような沙弥（志阿弥）で葬送に関係する人が三昧聖《さんまいひじり》です。そういう志阿弥というのは個人ではなくて、沙弥の一般名称であったわけです。そして、空也の時代になって、全国的に聖《ひじり》という者が活躍するようになります。

補足しますと、花籠、花縵、縵というのは、傘の形をした繖《きぬがさ》型のものをいいますが、傘状にした花縵が天皇の殯のときに奉られたという記述があります。ですから今の花籠といわれるものは実に古い歴史を持っていることがわかります。

古墳時代の末期になりますと、古墳に壁画を描いたものがあらわれる。高松塚古墳の壁画が発見されるより前に北九州地方で多くの装飾古墳が発見された。その内の福岡県若宮町竹原古墳の壁画には、傘状のもの二本が描かれている。従来、翳《さしば》といわれていたのですが、翳というのは中国の絵などを見ますと、龍宮の姫さまのように団扇みたいなものをさしかけられていたのでしょう。しかし、私のように花縵を墓に立てたという『日本書紀』の記事に注目している者からみると、これはまさしく髭籠《ひげこ》型で、放射状にヒゴを出した花縵です。これは考古学者にも文献史学者にも気付かれないことで、民俗の葬具の花籠に注意しないと見逃す壁画です。

竹原古墳壁画（福岡県若宮町）

花縵にあたるものは、現在、四天王寺舞楽にも四本立てられます。伎楽や舞楽は推古天皇の時代から伝わったものとされています。いろいろの研究から見て、四天王寺の舞楽は聖徳太子以前のものが残っていると考えられます。

その聖徳太子の命日は二月二十二日ですけれども、法隆寺は三月二十二日、四天王寺は四月二十二日にします。そのときの舞楽にこの花縵、花籠にあたる曼珠沙華《まんじゅしゃげ》というのが立てられます。すなわち、聖徳太子の菩提を弔《とむら》うためには、やはりこの花籠が必要であったということがいえます。単なる舞台の装飾品ではなかったのです。

したがって、装具として現在は唐傘と笠が墓によく用いられていますが、これは花縵の一つは天蓋になり、一つは墓の上の傘と笠になると考えられる。葬具としての笠は墓の上に載せます。土葬の土饅頭の上にちょっと載せまして、その真中から六角塔婆を打ちこむことになってます。そういう墓上構築物としての笠の他に、もう一つの笠は死者が死後の旅をするために、菅笠《すげがさ》を棺に入れてやる。棺のなかに入れないで、棺の上に載せて運ぶところもあるが、これと墓上構築物としての笠は違うわけです。墓の上に置きますのは杖と一緒に墓に置かれたりしますが、これは花縵から分かれてきたものである。それが現在では唐傘を立てたり、洋傘を立てたりして、意味を忘れたのです。山間へ行きますと、何か傘を立てなければいけないものだと考えて、傘を寺へ奉納するところもあります。それがライオンズクラブのように貸し傘になっている寺を見たことがあります。

葬列に加わる人々はかつては笠をかぶった。それが袖をかぶることになったり、あるいは三角巾の紙冠《しかん》をつけるようになるが、本来は笠をかぶったのです。

忌中笠《きちゅう》として四国地方にはいまだに残っております。それを葬儀がすんで帰りますときには、墓の入口の六地蔵にかぶせてきた。こんなところでは六地蔵は五枚も六枚もかぶっています。そういうところから、六地蔵に笠をかぶせて恩返しをされる「笠地蔵」という昔話ができるようになったのです。

忌垣についてはすでに述べましたが、禅宗の葬送のときには多く使われている七本塔婆《しちほんとうば》があります。真言宗でも天台宗でも使われますが、禅宗の場合は一枚の板に七つの山を作って、そこに初七日から三年忌までを書いて七本塔婆とする。これなどは、本来は六地蔵を書いたものです。七本塔婆はこれとは別に初七日から七七日忌までの塔婆七本を書いて、墓の周りに立てるものです。

禅宗の場合には一枚の板に書いて普及してきましたが、問題はこれが忌垣の変形であるということです。したがって、埋葬のとき墓の周りに同時に七本立て、初七日、二七日、三七日とお参りの度ごとに倒していきます。ちょうど四十九日で全部倒れますから、それまでは封鎖されていた霊がすっかり浄化されて、どこへ行ってもよろしいということを意味します。浄化の済んだ証拠に、一本二本と倒していったものです。これがわからなくなった住職は一本、一本初七日から七七日忌まで挿すものだと教えます。このように指導する知ったかぶりの住職がおりますが、古老はこれと反対のことをします。死霊荒魂説の原則からいいますと、本来ならうろうろと出てもらっては困る荒魂を勝手に出てもらって、浄化されて出てもいい霊魂は封鎖してしまう。逆のことをやることになります。

七本塔婆（滋賀県朽木村）

先述したように、葬制は歴史のなかで必然性をもって発展してきたものです。その意図を体系的にたぐっていきませんと、霊魂観のうえからいえば間違ったことをして

四花（広島県比和町）

しまう。やはりその原点をおさえて、葬具というものは使い、且つ解釈すべきものです。

葬具の四花《しか》も従来は何のためかわからなかったが、これも先述しました三重県熊野市のあたりでは、四本の花を墓の四隅に立てる。近頃は四花を四組作って、十六本を途中へ挿して、いわば四花の囲いをするようになっている。埋葬の土地を神さまから買うという概念があって、死者のために専有する土地を囲い込む。これを結界《けっかい》という。四花は結界のしるしであったのです。その習俗は土地をもらうとか、土地を買うとかいう伝承で残っていますが、福岡県太宰府市向佐野の宮ノ本遺跡では、土地を神さまから買うために、銭二十五文、鍬一本、絹五尺、綿布五尺を差し上げます、という買地券と名付けられた鉛板に字を彫ったものが出てきました。そういうことで四花というものは結界である。土地を死者のために専有する目的で地の神から買う、あるいは貰うというようなことがわかってきました。

葬具の四《し》本幡《ほんばた》も都会では立てなくなりましたけれど、葬送を豊かなものにしていくためにも、ミニチュアでも装飾でも用いることを工夫してもいいのではないかと思います。この四本幡の元になりますのが、幡蓋《ばんがい》というものです。幡蓋は、天蓋と幡が結合したものです。幡というのは、お寺の柱などに下げてあるあの布です。

奈良の法隆寺で推古天皇時代の幡が復元されましたが、布を裁って手と足の形をつくったもので、幡手、幡足という四つの手足がある。幡身はだいたい四つの布地をつないでいる。すでに中国の敦煌にもこれがあったことをスタインが報告しています。わが国で一番初めの幡蓋は百済の聖明王が欽明天皇十三年、初めて仏教を伝えたときに奉納したものです。しかもそれがその後の伝えはわからないのですが、聖徳太子が亡くなった翌年、新羅王から奉献されたものが現在残っている。法隆寺に伝わったものが宮中の御物に献納されて、東京国立博物館に寄託されています。金属の工芸品としては最高のものです。四角の天蓋の四方に下がっている四つの幡が小幡で、天蓋の真ん中に下がっております大幡という大きな幡が一つあります。全部で天蓋から五本下がっています。葬式の天蓋で大幡と四本幡を立て、「諸行無常《しょぎょうむじょう》、是生滅法《ぜしょうめっぽう》、生滅《しょうめつ》滅已《めつい》、寂滅為楽《じゃくめついらく》」と書いて下げるのはここから出てきたものです。四本幡は非常に歴史

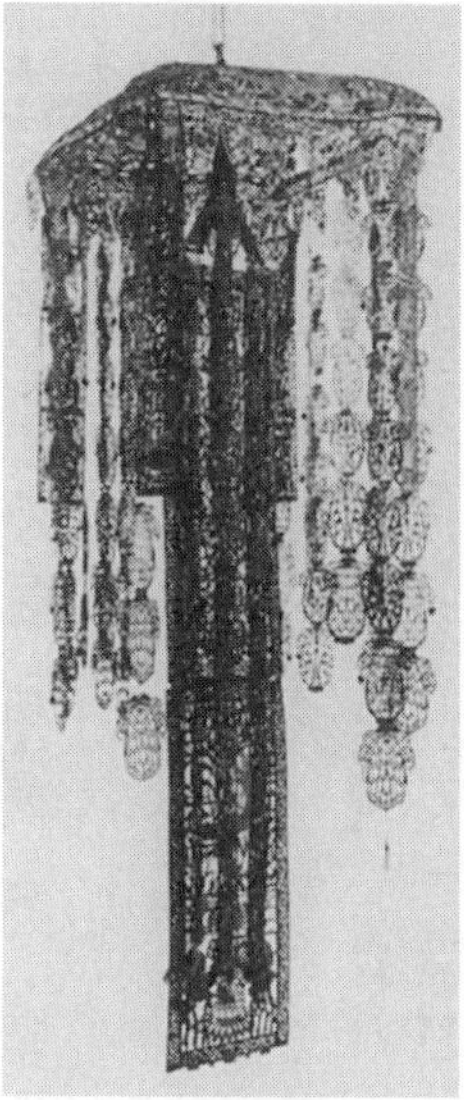

金銅製灌頂幡（東京国立博物館蔵）

のある意義の深いものですから、四本幡、あるいは天蓋というものは、葬列の装飾としても生かすべきものだと思います。

葬儀の意義

最後に葬制というものは、あくまでも宗教として菩薩行を行なうものである。菩薩というものは、自分が立派な素質をもっていて、仏道修行しているのですから悟る能力をもっている。悟る一歩手前まできている。しかし、自分が悟ることを後まわしにして、人の困っているのを助ける、悲しみをやわらげる、人の痛みに代わろうというのが菩薩行です。代受苦といいまして、代わって苦を受けることです。そういうものがやはり葬列の根本であると思うわけです。先述しました作善というものも菩薩行の一つのあらわれなのであり、実はこの菩薩行の故に、日本仏教というものは葬送に関与しているのです。単なる儀礼としてではなしに、霊魂に対して、あるいは遺族に対する救いとしてこれに関与したのです。そして、死者の霊魂を幸福なる状態におくために、成仏させ往生させるのです。

葬送の儀礼のなかには、死者に対して何か酷いような儀礼がよくある。鍬を投げつけたり、一喝を喰らわしたりするようなこともあります。これは、一つには仏教というものが現世に対する執着を断つというところにある。亡くなった人の霊も現世に執着と執念、怨念をいつまでも持っていては死者にとっても苦しい。ですからなんらかの形でその執着を断ち切らせるために、無情なようなことが行なわれる。それを理解しておりませんと、ある場合には反発をし、ある場合には空虚な儀礼になってしまいます。仏道の執着を断って煩悩を滅した本当の悟りを開かせるんだということを葬送に関する人々は皆、それを目的にして行なっていただきたいと思います。そういう霊はやがて恩寵的な霊として、人々に繁栄をもたらす。永遠不滅の霊魂となって、恩寵的な祖霊となって、家の繁栄をもたらすものと信じます。

そういうことから、日本仏教の理想は、家の繁栄、あるいは国家社会の発展と平和を目的とするもので、これがまた葬送の大きな理想です。

こういう理想を実現してきたのが行基菩薩であり、空也上人です。こういう人々は、親鸞聖人、法然上人、あるいは道元、栄西のように教団を作りませんでした。これがまた尊いのです。教団をつくることも、大伽藍をつくることも、金襴の衣をつけることもない、これが本当の菩薩行であったと思います。

葬送という菩薩行を空洞化させないためにも、行基、空也、そして以後の無数の沙弥や聖の行跡を、つねに思いおこしたいものと思います。

仏　壇

霊との共存の時代

私どもの生活は、好むと好まざるとにかかわらず、過去をひきずり、未来につながっていく。これが実存としての人間の生き方なのである。それは民族も個人もおなじことで、過去の歴史と伝統をうけ継ぎ、これを現世代の私どもが発展させ、そして未来の子孫に引き渡してゆく。したがって、現在のなかに過去と未来を内包しているということを、一日もわすれずに生きることが、正しい生き方であり、それこそが生き甲斐というものである。

また最近は核家族ということがいわれて、核家族でなければ現代人ではないと誤解し、無理に孤立的な生活をしようとする者もすくなくない。人間は時間的存在であると同じく空間的な存在で、個人や夫婦だけで生活できるものではない。社会的なつながりのなかで、はじめて自己の存在を確認し、自己の役割と生き甲斐を知るのである。抽象的には社会というけれども、現実には家族であり、親族であり、地域社会であり、職場である。

このように私どもは時間的、歴史的な縦のつながりと、空間的、社会的な横のつながりのなかで生きているが、この両方にまたがって祖先というものがある。祖先によって家の歴史があり、祖先の名において家族や親族の結合ができる。また地域の祖先として祭られる氏神の名において、地域社会の団結がまもられてきた。したがって、私どもの社会は「霊との共存」の社会である。それは目に見えなくとも、確実に過去に生きた祖先や知己の霊が、確実に実在する社会なのである。私どもは自覚せずに霊にうながされ、見守られて、正しく生きている。霊をみずから否定し、霊を喪失し、霊に見離された者が、正しい生き方をふみはずし、自らを不幸におとし入れ、他に災いをおよぼす。

現代には霊をおそれず、神をおそれぬものが多い。日本人は霊がやがて神になると信じてきた民族なので、霊をおそれぬ者は神をおそれない。霊と神の世界は、私どもの生きている現実のこの世界より、はるかに大きいのだけれども、その無限大ともいうべき大きな世界に目をむけようとしない。形があればかならず影があるが、影を失った男が不幸におちいったように、霊を失った人間や社会は不幸におちいるのである。

これは悪魔に影を売ったと同じく、精神を悪魔に売りわたしてしまうからである。よくいわれるように、現代の政治や思想・文化の行きづまりは精神の喪失である。精神の喪失のために、私どもの社会は今後その報いを刈り取らなければならないだろうと思う。ゲーテの『ファウスト』は悪魔に魂を売りわたして肉体の快楽を追いもとめ、自らも他人も不幸にする話である。しかしゲーテは、最後にこのことに気付いたファウストが、救われて天に昇《あ》げられたとする。私どもの社会を破滅から救うかどうかは、原爆の廃止よりも、この精神の回復にあるであろう。

このような危機には、誰もがそれぞれの出来る範囲の世界で、精神の回復運動をすることである。それは既成の宗教や宗教家だけでできることではない。教師は学校で、政治家や役人は役所で、農民は田畑で、会社員は会社で、商人は店で、主婦は家庭で、その自覚をひろげることである。

従来、宗教書とか仏教書といえば、わかりにくい、難解であるというのが相場であった。宗教も仏教も庶民をわすれて権威化した時代がながかった。庶民にわかってしまわれては、裏側を見すかされたようで、権威にかかわるので、難解に難解にと仕立てあげたからである。しかし宗教というものは、庶民が「より良く生きたい」という願望であり、その祈りにほかならない。それは「今」の「私」をふくめて、過去の霊も、他人も、未来の子孫もすべてが「より良く生きる」ことの祈りである。

そして、そのような祈りにはかならず奇蹟がともなうことも、宗教の本質なのである。科学的と称して奇蹟を否定することは、現実よりも大きな霊の世界の実在を信じないからである。祈りと奇蹟は宗教の本質であって、仏教といえどもその例外ではない。もちろん祈りがなければ奇蹟は絶対にありえない。そして家庭のなかの祈りの場として、仏檀というものが存在するのだから、信仰はまず仏檀からはじめようというのである。

仏檀と「ほとけ」

生きている私どもは、なまじ肉体をもつが故に有限である。しかし霊は有限な肉体をすてたために無限大であり、永遠であり、万能になった。その意味で無限・永遠・万能な「ほとけ」と霊は同じだという。そのように日本人は死者と霊と「ほとけ」を同じものと見た。難かしい仏教書では「ほとけ」は覚者《かくしゃ》であり正覚《しょうがく》をえたものというけれども、日本人は死者も先祖も「ほとけ」と見たのである。これは実に平易で明快な仏教の理解であった。

仏教では坐禅をしたり、三昧行《さんまいぎょう》を実践したり、真言を唱えたりすれば「ほとけ」になれると教える。これを即心成仏といったり、即身成仏といったりする。しかし、日本人は信仰をもって正しい死に方をすれば、そのまま「ほとけ」なのである。明治十七年（一八八四）四月二十二日に那智の滝から捨身《しゃしん》した有名な実利行者《じつかが》は、山伏としての苦しい千日行を六回も修行し、「ほとけ」になったと自覚した。しかし、肉体を持っていては無限の衆生済度《しゅじょうさいど》はできないと、肉体を那智の滝に捨てて、永遠の「ほとけ」になった。それはけっして自殺ではなくて、永遠の「ほとけ」になるために、肉体を捨てたのである。

このように庶民は「ほとけ」を理解し、これを仏檀に祭った。それは阿弥陀如来や釈迦如来、または不動明王、弘法大師であるとともに、それぞれの家の先祖なのである。したがって、仏檀は日本人にとっては二重の意味と価値をもつものとなった。すなわち仏教信仰の対象として仏を礼拝し、その加護を願い、奇跡を祈る聖壇であるとともに、祖先を想い、感謝し、また加護を祈る祭壇である。それで仏壇は寺院の本尊を安置する仏壇とちがい、檀家にある仏檀なので、昔から仏檀と書いてきた。しかし『広辞苑』などが仏壇と書いたために、仏壇と書くことが多くなったのである。このことを知っておいて、檀家の仏檀は、仏教信仰の対象であるとともに、祖先の霊をまつる聖所であることをわすれてはならない。

今までは仏教といえば、僧侶が専門家であって、僧侶の指示、その解釈には檀家は従わねばならないように考えられてきた。しかし今は信仰の主体は檀家であり、庶民信仰であることがわかってきた。日本人には古代から変わらざる霊魂観、あるいは神霊観というものがあり、これをベースにした仏教信仰でなければ、大部分の日本人に仏教はうけいれられなかった。このことは最近の学問研究でもはっきりしてきたのである。

仏檀は日本人の霊魂観の仏教的表現なので、仏画や名号と位牌を祭り、ある場合は位牌だけを祭るのである。このことを僧侶も檀家も理解しないと、仏檀のまつり方は中途半端になり、確信のないものになる。信仰にとって迷いと自信喪失は、もっとも避けなければならないことである。

この迷いを解く規準は庶民の側がもっている。従来仏教は寺院と僧侶の側に握られていたものが、庶民の参加すべきものになり、主体性をもつようになった。そうすると仏教は庶民の宗教的要求として、死者と霊の祭りを第一義としなければならない。事実は民間寺院はこれを第一義とするがゆえに、檀家によって支えられてきたのである。これを避けたり、低級視することは、日本仏教の自殺である。これと同じように仏檀も、死者の霊と先祖の霊を祭ることにその第一義があり、「ほとけ」や霊のもっともよろこぶ供養として、仏像や名号を祭るということになる。仏檀は宗派のない庶民仏教の所産なのである。

仏檀への願い

日本の家庭がすべて神棚とともに仏檀をかざり、毎日家族がこれに礼拝するようになれば、日本はもっとも繁栄し、もっとも平和な仏国土になるであろう。日本人の精神はまずそこから回復され、理想的な仏教国になると思う。前奈良時代の天武天皇十四年（六八五）に、

諸国の家毎に仏舎を作りて、乃ち仏像および経を置き、礼拝供養せよ。

とあったのは、仏檀の起源といわれているが、これは諸国の国司や役人、あるいは富裕な階級に、邸内に持仏堂を建てるようすすめたもので、ただちにこれを在家の仏檀と同一視するわけにはいかない。

この仏舎は平安時代の貴族の個人的趣味生活の山荘寺院、または別荘寺院となり、関白藤原道長は御堂法成寺を建てて御堂関白《みどうかんぱく》とよばれ、その子頼通は宇治平等院を建てて宇治殿と

よばれた。また道長の父兼家も法興院を建てて法興院殿《ほこいどの》とよばれた。いずれも宏壮な大寺院で、在家の仏檀と比較しようもない。しかし、武家時代には先祖を祭るための寺院が建てられ、仏檀に近づいた。たとえば、源頼朝が父祖の菩提のために、鎌倉雪の下に大御堂《おおみどう》勝長寿院を建てたようなもので、これはやがて塔頭《たっちゅう》寺院を諸大名が建てて、先祖を祭ることにつながった。一方、武士は書院造のなかに仏間をもうけるようになり、この仏間が仏檀の一つの起源である。

一方、古代以来、日本人は先祖神を住居の中の神座または神棚にまつっていた。皇室では神人分離と称してこの氏神を皇居の外に祭り、伊勢神宮ができるようになるが、一般には家屋内の聖所に祭った。その神座あるいは神床が「床の間」となったのであって、今も田舎では床の間に神を祭り、その横の違い棚にあたる所が仏檀になっている。床の間の飾りに灯明・香炉・花立の五具足または三具足《みつぐそく》をもちいるのは、ここに仏を祭った名残りである。

このような仏檀の歴史のなかで、蓮如時代の浄土真宗の講の発達はもっとも特筆すべきものである。これは親鸞時代からと思われるが、真宗は在家主義を極端におしすすめたために、講の当屋にあたった家は道場または寺院の代わりをはたすことになった。そのために特に大きな仏檀を必要としたことは、私の「仏檀と位牌」(『仏教と民俗』一九七六年、角川選書)に述べたことがある。しかし一般在家は村や字の堂や庵に位牌を立てて、共有の仏檀としていた。ここに住職ができて村落寺院となれば、位牌堂や位牌壇がつくられて、これが仏檀となる。しかし、同時に位牌を自宅内にも安置して毎日の礼拝をする要求が生じて、現在の仏檀が普及したのである。

江戸時代の各藩の法令を見ると、京仏檀を奢侈《しゃし》品として禁令の対象にするほど普及したことがわかる。しかし京仏檀を買うことができたのは、おそらく地主や新興商人階級であったろうと思う。したがって、庶民のあいだには箱仏檀が普及し、芝居の書割にも箱仏檀が見られる。そのような庶民は、わが家へかえれば、大工なり左官なりのその日の手間賃を仏檀に上げ、それからはじめてくつろぐ習慣ができた。現代のアパートやマンションにも、このような生活がもどってくれば、熊さん八さんの人情味あふれるアパートやマンションになるだろうと思う。また、夫や息子に先立たれた女性が、小さな仏檀一つを心の支えに生きてきた庶民の歴史も長いのである。仏檀のはたした社会的宗教的役割は実に大きいのだが、戦後の生活の変化のなかでそれは忘れられていた。

しかし、最近は良心的な仏檀仏具商のおかげで、昔の箱仏檀の出費で金仏檀や銘木仏檀がもてるようになった。また一億総仏檀のねがいで、箱仏檀は日常の家具とおなじく、庶民の手に入るようになった。これは精神の拠り所を家庭のなかに持とうとする庶民にとって、まことに幸せなことであると思う。

精神精神といっても、それを表現する物がなければ、現実化しない。実際の行動として表現されない精神などというものは、絵に画いた餅であり、評論家の「言葉ころがし」にすぎない。日本人にとって、これを表現する物として、仏檀ほど適当なものがないことは、すでに述べたとおりである。したがって、箱仏檀でよいから、家庭のなかに精神の拠り所を置くことが必要である。しかし、われわれは美的なものをとおして、いっそう信仰を深めることができるので、より美しい仏檀をもとめることは、なお望ましいことである。

仏檀について多くの人々が躊躇《ちゅうちょ》するのは、その構造が不可解だったり、何か宗派的な制約があるのではないかと疑問をもつことにある。うっかり聞いたら無知を笑われるのではないか、という心配がある。そのような心配をもつ神経の細かい人ほど、仏檀が必要なのである。仏檀について疑問を持つということは、信仰の入口に立っているということである。その疑問をどこまでも追求してゆけば、かならず祖先の心や仏教の真髄にいきあたるはずである。心や真髄というものは、本人が自分でつかむものなのである。

仏檀は、すでに述べたように、日本人の昔からもちつづけた精神、あるいは庶民信仰の表現である。それは仏教の宗派以前のものであって、仏檀の宗派意識はもはや捨てなければならない。仏檀はその家庭の人々のためにあり、同族のためにあるのであって、僧侶や宗派のためにあるのではないからである。しかし、ある宗派の制式のものがいちばん自分の趣味に合えば、それがいちばんよいことになる。仏檀は選択の多様性のために、多くの型式がデザインされることがのぞましい。そしてそのなかから自分の信仰と美意識に合致したものが最高なのである。

V

墓の話

序

高野山に参詣した人々にとっていちばんつよく印象にのこるのは、弘法大師御廟《ごびょう》にいたる奥之院霊域の墓原であろう。昼なお暗い千古の老杉のもと、無数に林立する墓石群は、世界にも類のない宗教的景観をかたちづくっている。宗教というものが人間の死を契機として発現することを、この景観ほど具体的に教えるものはない。この墓石群を左右にながめながら歩いていると、どんな不信心なものも宗教的なものにうたれてくるのは不思議である。人はここに立つと人生とは一体何か、死とは何かを問わずにはいられない。

また、その墓石群は数ばかりではなく、千差万別の形を見せてくれる。人の顔が十人十色であるように、その墓の形がちがうのである。あるものは大きく、あるものは小さく、また古いものも新しいものも、身分の高いものも低いものも、雑然と同居している。このようなところでは一体墓とは何か、どうしてこのような形が出てくるのか、また何のために高野山に墓をつくるのか、というような疑問がわいてくる。したがって、「墓の話」を高野山からはじめるのは、ここが墓石文化の日本的中心だからである。しかも、高野山にこれだけの貴賤の墓ができるということには、日本人の宗教に、なにかこれを必然にするものがひそんでいるのではないかということを考えさせる。

高野山に日本全国から墓を建てに来るということは、従来は弘法大師の信仰から、大師の墓の側に墓をつくったのだろうと説明されてきた。しかし、それだけでは説明されないものがあることがわかってきたので、これを高野聖《こうやひじり》の勧進の結果とする考え方も出てきた。たしかに弘法大師信仰と高野聖の勧進は、この墓石群成立の一つの要因である。だが高野山ばかりでなく、かつては日本人は霊山霊場に納骨したり、祖霊供養したので、これは高野山が山であることに一つの原因があるということはたしかなのである。

そうすると山と墓、山と祖霊の問題が出てくる。これは日本人の宗教の根本に山岳宗教があることをあきらかにしなければならないことになる。そうすると日本人の民俗のなかに、里に墓をつくり、山に墓をつくる両墓制《りょうぼせい》のあることもわかってきて、霊山霊場と両墓制という問題に帰着するのである。したがって本論では、民俗学と歴史学、あるいは仏教史をふまえて、この問題にアプローチしていこうと思う。

―

墓は人生最後の安息所であり、永遠なる魂の家である。波乱多かった航海の最後に波しずかな泊地をもとめるのは、人間の自然な欲求であって、宗教の起源もまた死後の魂をいかにやすらかに鎮めるかにあった。

宗教はもちろん生のためのものである。しかし、生あるものは必ず滅す。滅後の魂の用意なくして生を語るのは、港なき航海にひとしい。その不安はわれわれの生そのものをも無意義にするかもしれない。古今東西の宗教がすべて一大事因縁たる死から出発し、葬送の儀礼と墳墓のいとなみに関係があるのはこのためである。

近来、墓相学なるものが異常に流行している。これにもいろいろの流派や主張があるようであり、時にはいわれなき墓相と家運の吉凶をとくあまり、人心をまどわすものもあるらしい。しかし墓の設計、築造のうえに宗教心のあるなしがあらわれるとすれば、正しい宗教心を表現していない墓をつくる人の子孫が繁栄せぬことは十分あり得る。そのような墓相学ならば傾聴すべきものがたしかにある。したがって、正しい信仰に立って、宗教学や歴史学に根拠をもつ墓相学ならば信用してよいであろう。墓の吉凶は要するところ宗教心の有無である。場所に応じ、資力に応じて、わが民族の固有信仰である祖先崇拝や先祖供養の誠をあらわす形態の墓ならば、かならずやその墓は吉相であろう。現在の財をほこり、地位をほこり、趣味をほこるような墓は、墓相学でなくともしりぞけられるであろう。

このように見ると、墓を語ることは宗教を語ることである。それで古代の宗教観から、いかにして墓が発生するかということから見ていきたいと思う。

二

「歴史の沈黙するところ墳墓これを語る」といわれるように、文献のない古代の歴史は墓が歴史といってよいくらいである。

すでに二万年乃至それ以前の旧石器時代も死者の埋葬を行なった痕跡があるといわれるが、新石器時代に入ると、人類は巨大な墓をつくりはじめた。世界各地に今ものこっているドルメン、メンヒル、クロムレヒなどとよばれる巨石建造物は、すべて死者崇拝の遺跡と考えられている。この巨石文化は今から五千年前のエジプトでその絶頂に達し、高さ一五〇メートル底辺二三〇メートルもある巨大なピラミッドを生むにいたった。

日本でも縄文時代の遺跡である貝塚からはしばしば人骨が出るが、これもなんらかの埋葬の儀礼によったものであるらしく、屈葬の姿勢で発掘されるのが多い。したがって縄文時代の日本人は、死者を住居の近くになんらかの宗教儀礼をもって埋葬し、簡単な祭を行なったものと思われる。

屈葬は古代人に共通の葬法で、死霊が村へかえり害をなすことをおそれた結果、足を曲げたまま体にしばりつけて葬ったものであろうという説が一般的である。現今でも、ほとけが硬直しないように極楽縄《ごくらくなわ》で遺体を屈縛《くつばく》する風習のある地方がままあるが、これは縄文時代の屈葬の名残りと考えられる。

この時代の墓では墓といっても棺《かん》も墳も副葬品もなく、おそらく封土《ふうど》（盛土《もりつち》）も標識（墓標）もなかったであろう。

なお、このような土葬に先行して水葬や風葬なども行なわれたと考えられるが、いまこれを証明するにはあまりにも文献や伝承がすくない。しかし、水辺の民が水葬を行ない、平野と山地の民が風葬を行なった痕跡は、注意すればするほど多く出てくる。

三

縄文時代から弥生時代になると、墓に棺がもちいられるようになる。この棺は大きな素焼の甕《かめ》であることもあり、板石を四角に組合わせたものであることもある。前者は甕棺《かめかん》とよばれ、後者は箱式棺と名づけられる。甕棺は地方によっては明治時代までもちいられた。九州の山地では戦後でもその使用をきくことができた。この伝統が早桶《はやおけ》とよばれる桶棺になったのであろう。また甕棺の伝統は、火葬が行なわれるようになると、蔵骨器、すなわち小さな骨壺《こつつぼ》としてのこったのである。

ところで、この壺形の土器は古語でホトキというので、ホトキをもって祭られる死者の霊魂をホトケといったのではないかと柳田國男翁はいった。たしかに壺は霊魂の容器の役目をはたしてきたし、斎瓮《いわいべ》をもって先祖を祭ったことは『万葉集』（巻三）の歌にも出てくる。これは大伴坂上郎女《いらつめ》が、大伴の氏の神をまつるときに、

斎瓮《いはひべ》を忌《いは》ひ穿《ほ》り居《す》ゑ、竹玉《たかだま》を繁《しじ》に貫《ぬ》き垂《た》れ

とうたっているので、壺を地中に埋めて先祖を祭ったのが、葬と祭の共通性を思わせる。これはまた先祖の霊をまつるのに桶をもちいる年桶にもあらわれていて、朝鮮でも仏檀に桶を祭ることと共通する。石見《いわみ》の三瓶《さんべ》山のように、山頂と中腹と山麓《さんろく》の三ヵ所に瓶をまつったという伝承なども、祖霊の祭に関係があるかもしれない。

したがって、壺をホトキといったので、これから死者の霊をホトケといったのはわかるが、仏（ブッダ）をホトケというにはすこし説明がいるであろう。これは私見では、中国で仏陀と仏塔をさす語として「浮屠《ふと》」の語がもちいられたことによると思う。すなわちフトがホトになりホトケになって、死者をホトケとよぶことと混同してしまったのであろう。ともあれ、日本人は葬法に甕をもちいたことから死者の霊も壺で祭り、これをホトケとよんだらしいのである。

四

ところが、わが国の歴史では、金石併用時代というのは弥生時代にあたり、西暦紀元前一、二世紀から紀元後二世紀にわたる三、四百年で、金属器時代、すなわち古墳時代にうってしまったといわれる。弥生文化は古墳文化のほんの準備期としてあらわれたにすぎないわけである。しかし、弥生文化ののこした結果がなければ、古墳文化はおこらなかったであろう。というのは弥生文化にともなう農業の普及は、それ以前の狩猟、漁撈による採集経済とはまったくちがった社会と文化を生んだからである。肉や魚は貯蔵できないが、穀物は乾燥すれば何年でもたくわえることができる。この農業の蓄積経済によって、古墳時代には厖《ぼう》大《だい》な私有財産をもつ階級があらわれた。おそらくこの経済上の金持階級は政治上の権力者であるとともに、宗教上の司祭者でもあったろう。

かれらの財産は土地や貯蔵穀物や農器具、武器、装身具などの物的財産のほかに、労働力としての莫大な奴隷、すなわち人的財産があったにちがいない。

これを所有した古代豪族は天皇家を唯一の例外として、すべてこの地上から消え去った。しかし、その財産の一部はわれわれの眼前にのこされている。古墳とよばれる巨大な古代墳墓がそれである。

今日、古墳から発掘される鏡や刀剣や馬具や玉類や土器類はその物的財産の遺物であり、巨大な高塚の封土は労働力としての人的財産の遺物である。

現在、最大の古墳といわれる和泉《いずみ》百舌鳥野《もずの》にある仁徳天皇陵は、前後の径約四八六メートル、後円部の高さ約四〇メートル、前方部の高さ約三三メートル、周囲約一四二七メートルあり、三重の堀をめぐらしてその水は数村の田地を灌漑《かんがい》している。総面積十四万坪、立積は実に三十万立坪で、その労働力は延べ人員百八十万人を要し、五千人の奴隷を使役しても三百六十日かかった計算になる。その立積はピラミッドの八倍、秦《しん》の始皇帝《しこうてい》陵の四倍という世界最大の人工の山である。これほどの巨大な墓をつくることのできた当時の天皇家の富は、現代のわれわれの想像もおよばぬものであったろう。

これほど大きな古墳でなくとも全国いたるところに見出される高塚は、少なくともその地方の支配者またはその一族の墓と考えてよいもので、古墳時代の宗教や文化とともに社会状態を雄弁に物語る好個の資料である。

それでは当時の一般人民の墓はどんなものであったかというと、それはもうあきらかに知ることはできない。岩山に蜂《はち》の巣のように多数の横穴をくりぬいた横穴古墳群をそれにあてる学者もあるが、その発見例はあまり多くないので、人民全部の墓がそれであったという証拠にはならない。おそらく、空しく野辺か谷間か海岸に風葬されたものであろう。

この棄《す》てられた白骨をひろって霊地におさめ、手厚くとむらったのは仏教が入ってからのことであるらしい。すすんで水葬が行なわれるようになって悲惨な遺棄《いき》死体は減少したであろう。しかし、中世を通じて貧しい人たちは、死者を野辺に風葬することを余儀なくされた。これを空也上人《くうやしょうにん》をはじめとする聖《ひじり》という、庶民仏教家はていねいにひろいあつめて、塚をつくり卒塔婆《そとば》を立て、大念仏や踊り念仏によって供養を行なったのである。

高野山納骨の起源をなす高野聖も、このような遺棄せられた貧民の白骨を笈《おい》におさめて高野の霊場にはこび、大師入定《にゅうじょう》の地に厚く葬った庶民仏教家であった。このようにして仏教は墓をもつことのできない庶民の魂に、永遠の安息所をあたえた。仏教が一般庶民の間にひろまって、日本が今日見るような仏教国となったのは、庶民が仏教の教理を理解したためではなくて、寺々の年中行事と死者の供養——すなわち、仏教民俗の普及にあったことは否定することのできない事実である。

五

しかし、このような庶民の墓ができたのは中世になってからのことであるから、その話はあとまわしとして、ここでは一応あの巨大な古墳の構造をあきらかにしておこう。

古墳はその外形から大別して、円墳、方墳、前方後円墳、上円下方墳、上方下方墳などのいろいろの形に分類される。内部はおおむね玄室といわれる棺の安置所と、そこにいたる通路——すなわち羨道《せんどう》とから成っている。羨道の入口が羨門である。

玄室は単室を普通とするが、二室以上あるものもある。高さも三メートル以上あるものがあり、優に大人が立って歩ける。俗に「火の釜《かま》」といって火の雨の降ったとき、人々がここに隠れたという古墳伝説のあるのは、この玄室があるためである。

ここにおさめられる棺は多く石棺で、箱式組合石棺、蒲鉾蓋《かまぼこふた》式組合石棺、長持式石棺、家形石棺、亀《かめ》形石棺、割竹形石棺、舟形石棺など多種多様である。このほかに粘土《ねんど》棺、陶棺もしばしば見出され、木棺の存在も証明されている。木棺は粘土槨《かく》におさめられたらしく、木棺が腐って粘土槨だけ残ったものがある。

古墳時代の高塚墳は古代豪族の墓であるから、副葬品の豊富なことは当然である。日常品、武具、装身具が大部分であるが、刀剣、玉、鏡は三種神器に見られるように、古代宗教における呪具《じゆぐ》、または鎮魂呪具である。日常品の副葬は、古代人が死後の世界を現世の延長と考えた証拠とされている。とにかく古墳の副葬品は日本古代文化の粋であり、世界にもほこるべき芸術品も多くふくんでいる。

六

さて、わが国の古墳の外形で注意すべきものは前方後円墳である。規模の大きい古墳はたいていこの墳形をもっているが、これこそ日本独自の形である。瓢《ひさご》塚、銚子《ちようし》塚、車《くるま》塚、双子《ふたご》塚などともよばれる。この種の古墳の成り立ちにはいろいろの説があるが、後円部は埋葬部であり、前方部は祭壇であるとする説が一般に是認されている。このことはわれわれの祖先の墓というものにたいする考え方を端的にしめすものとして、一言する必要がある。日本民族の固有信仰では、人は「死後の祭」によって神になるという考え方があり、仏教が入ってからはこの死後の祭を「供養」におきかえ、神になることを「成仏《じょうぶつ》」としたのである。日本民族の神の観念は歴史的にずいぶんはげしい変化をしてきたが、元来は人間が死後の祭によって一切の罪穢をきよめられた状態がカミであった。

このことは祖先を氏神といったり、生きた人間である英雄や義民を神に祭ったりすることにも、端的にあらわれている。遠くは日本武尊《やまとたけるのみこと》や、近くは織田信長や豊臣秀吉が神に祭られ、佐倉宗五郎もいつの間にやら宗吾霊堂に祭られた。その他の義民も民衆が神として祭ったのであって、同じように靖国《やすくに》の神も国家の意志や政策というよりは、庶民の自然の感情が神に祭らずにはおれなかったものである。しかしこれが中世ならば、戦死者の霊は大念仏などで供養されて、往生または成仏させて仏の位にあげたであろう。そして神または仏に到《いた》る途中の、人間の罪穢がまったく消滅したとはいえない状態を、祖霊《みたま》といったのである。

だから仏教の供養ということは、日本人の考え方では生前の罪穢をきよめることに主眼点がおかれており、死者のためにお経を読み、墓に水をかけるなどは、死者の魂の「みそぎはらえ」である。これを三年なり七年なり、三十三年、五十年つづけると死者の魂はすっかりきよめられて神になるという考え方がある。したがって、三十三年忌か五十年忌の「弔《と》い切り」には、梢付塔婆《うれつきとうば》を立て、大般若経をよみ、盛大な祝宴を張って、位牌《いはい》を川に流したり天井裏へ上げたりする。

このような日本民族の霊魂観と鎮魂供養観を端的に表現したのが、前方後円墳の構造と思われる。墓は単に埋葬の場所または記念物ではなくて、魂祭の場所、供養の場所であることを示している。今でも墓は死者の生前の功績や俗名を麗々しくほりつけるよりは、供養にふさわしい五輪塔、宝篋印塔《ほうきょういんとう》をたてるか、生前の個性を滅却した戒名をほることが、もっとも自然とされているのは、この鎮魂供養の伝統によるのである。

このことはなお進んで埋葬の墓と供養の墓を分離せしめ、両墓制という日本独特の墓のつくり方が生まれた。三昧《さんまい》、埋墓《うめばか》、捨場《すてば》、身墓《みばか》、野辺《のべ》、蓮台野《れんだいの》などとよばれる埋葬墓と、精進《しょうじん》墓《ばか》、清墓《きよめばか》、空墓所《からむしょ》、引墓《ひきばか》、寄墓《よせばか》、寺墓《てらばか》、卵塔場《らんとうば》などとよばれる供養墓と、二つの墓をもつ地方は関東地方、中部地方、近畿地方、中国地方を中心としてかなりひろくいき渡っている。

おそらく、古代日本人の庶民の墓は、この両墓制であったに相違ない。一方、貴族の墓は大陸文化の影響で、封土をきずく高塚墳の単墓制となったが、それでもやはり埋葬の場所である後円部と供養の場所である前方部を別にした、前方後円墳ができたものと考えられる。

このような意味で、われわれが古代の墓から学びとるものは、墓は先祖祭と死者供養の場所であり、けっして個人や家の財と功を人にほこる場所ではないということである。そしてまた、その供養は、死者の生前の罪穢をはらいきよめることではあるが、人間はできるかぎり生前から正しい信仰によって、自らの罪穢をきよめておくことが必要だということである。

七

古墳時代はやがて大化の薄葬《はくそう》から火葬にうつってゆく。これは日本の墓の一大革命であったが、その過渡期には土葬、火葬がならび行なわれた。その過渡期をあらわすものに、檜隈《ひのくま》大内《おおうち》陵（奈良県高市郡明日香村野口）がある。

これは天武、持統両天皇の合葬陵で、鎌倉時代のはじめに賊の盗掘にあい、すこぶる世人をおどろかした。これを伝え聞いた藤原定家の日記『明月記』およびこの事件の顚末記《てんまつき》『阿《お》不《う》畿《き》之《の》山陵記《さんりょうき》』によると、一つの石室内に土葬の御遺骸をおさめた乾漆棺と、火葬の遺骨をおさめた銀製箱形蔵骨器、およびその外容器である金銅製桶《おけ》があったという。

前者はおそらく天武天皇の御遺骸、後者はその皇后にして帝位をふまれた女帝、持統天皇の御遺骨であったろうが、この合葬陵はわが国の墳墓史の一大転換期を暗示する歴史的な御陵であった。

第一に合葬ということであるが、古墳時代末期になると、経済的意味からか、家族制度の発達のためか、おそらくその両者のためであろうが、横穴式石室のなかに夫婦、親子など数人の遺骸を合葬するふうを生じた。敏達《びだつ》天皇の河内磯長《しなが》中尾陵は天皇と母石姫《いわのひめ》皇后の合葬であり、推古天皇の磯長山田陵は天皇（女帝）とその最愛の皇子、竹田皇子《たけだのみこ》とが合葬された。もっとも有名なのは聖徳太子の叡福寺《えいふくじ》、磯長御陵で、太子の生母穴穂部間人《あなほべのはしひと》皇后と太子妃膳臣《かしわでのおみ》女皇女を合葬した「三骨一廟《びょう》」といわれる円墳である。

第二に火葬ということは、持統天皇の崩御《ほうぎょ》（七〇二年）に先だつこと二年の、文武天皇四年（七〇〇）に没した入唐僧道昭よりはじまるといわれる。

ところが大宝三年（七〇三）には持統天皇が一年の殯《もがり》ののち火葬となり、その後五年の慶雲四年（七〇七）には文武天皇、養老五年（七二一）には元明天皇、天平二十年（七四八）には元正天皇というぐあいに、天皇の火葬が行なわれるようになった。淳和《じゅんな》天皇のごときは遺詔して、火葬の骨灰を高山の上から風のまにまに散骨せられたほど、進歩的貴族の間の流行となったのである。

このように前奈良期にはじまった合葬や火葬の風は、もちろん仏教の影響も大いにあるが、一方、大化改新の重要政策の一つである薄葬令《はくそうれい》による葬法の変化もまたあずかって力があったと思われる。

大化二年（六四六）の薄葬令を見ると、次のように述べている。

朕《われ》聞く、西土《もろこし》の君、其の民を戒《いまし》めて曰く、古《いにしへ》の葬は高《たかき》に因りて墓と為す。封《つちつ》かず樹《きう》ゑず。棺槨《き》は以て骨を朽《くた》すに足り、衣衿《きもの》は以て宍《しし》を朽すに足るのみ。故《か》れ吾、此の丘墟不食《あれていたづら》なる地《ところ》を営《つく》りて、代《よ》を易《か》へて後に、其の所を知らざらしめむと欲す。

とあって、唐の例を引いて薄葬の精神を説いた。これは墓は、丘陵につくって封土を盛りあげず、また樹木も植えない、というのだが、これはまったく大陸の模倣で、日本固有の葬法とは異なる。というのは、わが国では風葬でも枯骨をもう一度盛土をして埋めたようだし、埋葬にはもちろん土饅頭《どまんじゅう》の盛土があった。そのうえ、その上に霊の依代《よりしろ》としての樹木を立てたり、棒を立てたりしたのが、のちに「梢付《うれつき》塔婆」(「生木《なまき》塔婆」、「葉《は》付《つき》塔婆」などとも)になったものと、私は考えている。したがって、大化の薄葬令は、日本固有の葬法に帰るという薄葬ではなくて、大陸模倣の薄葬だから、これはあくまでも貴族や官僚の葬法であった。ただ、この薄葬令で評価できるのは、それまでの支配者の厚葬が、これも大陸模倣であったが、棺槨や衣服や副葬品が豪華であったのを、粗末にしようという点であった。また、墓を点定するのに、なるべく荒地をえらんで耕地をつぶさないようにせよというのは、わが国でも風葬墓や埋葬墓は、集落からはなれた山野か河原か海岸がえらばれていたことと一致する。

それはともあれ、大化の薄葬令は、具体的に葬具や葬式を規定して、次のように述べている。

(副葬品として)金銀、銅鉄を蔵《をさ》むること無く、一に瓦器を以て、古の塗車《くるまかた》、蒭霊《ひとかた》の義に合《かな》へよ。棺は際会《ひまあひめ》に漆ぬり、奠《まつり》は三たび過飯《むけ》よ。(三回忌までまつれ)(死体の口に)

含むるに珠玉を以てすること無かれ。珠の襦《こしころも》、玉の柙《よろひ》を施《お》くこと無かれ。諸の愚俗の為《す》る所なり。

とあって、次に墓の規模を規定している。

又曰く、葬は蔵《かくす》なり。人の見ることを得ざらむことを欲す。廼者《このごろ》、我が民の貧絶《ともし》きこと、専《たうめ》に墓を営《つく》るに由る。爰に其の制《のり》を陳《の》べて、尊卑の別あらしむ。夫れ王《みこ》より以上の墓は、其の内の長さ九尺、濶《ひろ》さ五尺、其の外域《そとめぐり》は方《たてよこ》九尋、高さ五尋、役《よぼろ》（人夫）一千人、七日に訖《をは》らしめて、其の葬らむ時の帷帳《かたびらかいしろ》等には白布を用ゐよ。轜車《きくるま》有れ。（下略）

とあって、王から上臣、下臣、大仁、小仁、大礼以下小智までの身分と官位に応じた大きさがさだめられた。これに対して庶民の墓の規定はどんなものだったろうか。

庶人《おほむたから》、亡《し》なむ時は、地に収《をさ》め埋め、其の帷帳等には麁布《あらきぬの》を用ゐるべし。一日も停むること莫《なか》れ。凡そ王以下及び庶民に乃至《いた》るまで、殯《もがり》を営ることを得じ。凡そ畿内より諸国等に及ぶまで、宜しく一所に定めて収め埋めしめよ。汚穢《けがらは》しく処々に散し埋むることを得ず。

とあり、共同墓地に埋葬することを命じ、殯もしてはならないという。しかし、この命令どおり実施されたかとなると、これは疑問であろう。多くの論者は、こうした法令があればそのとおりになったと断定しがちであるが、なかなかそのとおりにならないので、法令が出ることもある。しかも、風俗や信仰に関しては心の問題であるから、強制するわけにもいかず、厳罰にすることもできない。したがって、むしろ古い伝統がつよくのこって、墓を共同墓地よりも自分の屋敷内や、畑のなかや山林内にいとなむことが多かったらしい。というのは現在まで、そのような屋敷墓や持山墓、持畑墓がたくさんのこっているからである。また殯というものも、風葬死体を覆う構造物であったが、その退化したモガリが青山型・忌垣《いがき》型・モンドリ型・素屋《すや》型・霊屋《たまや》型・籠《かご》型・積石《つみいし》型等のいろいろの形態で現在ものこっているからである。

また、この時代にできた『大宝律令』には「喪葬令《そうそうりょう》」があって、葬法、葬具、贖物《あがもの》、殯斂《ひんれん》、服忌《ぶっき》などの規定とともに、墓の規定がある。これには、

凡《およ》そ三位以上及び別祖の氏宗は並びに墓を営むことを得、以外は合《すべ》からず、墓を営むことを得ると雖も、若し大蔵せんと欲せば聴《ゆる》せ、

凡そ墓には皆碑を立てよ。具《つぶさ》に官姓名之墓と記せ。

とあるだけである。これも実情に合わないもので、三位以上の個人と特別の氏族の族長だけが墓をつくれたという。また、墓には官姓名を記した石碑を建てるとあるが、このような墓石が発見された事例もほとんどない。ただ稀《まれ》に墓誌銘が墓のなかや骨壺とともに発見されるだけである。

しかし、このような律令にもかかわらず、三位以下にも別祖の氏宗以外の氏人にも墓はあったであろう。しかし、それは木を立てただけか、自然石をのせただけだったから、個人の墓としてはのこらなかったのである。これはのこらなかったから幸いなのであって、個人の墓が皆のこったら、狭い日本の国土は墓だらけになったことであろう。したがって、庶民の墓は立てては滅び、滅びては立てしながら、墓地面積をあまり拡大せずに最近まで推移してきた。これが両墓制であり、霊場供養だったのであるが、最近になって、個人の墓地の占有が進行して、墓地の急速な拡大を見るようになった。

八

しかし、大化改新以後はすべて古墳築造がおわって火葬になったというわけではない。火葬がまず都府や国府など文化的中心地の文化人のあいだにひろまったにすぎなかった。したがって、封土や石室は以前ほどいちじるしくはないが、土葬も一般に行なわれたことはいうまでもない。

大化改新から二十三年を経た天智天皇七年（六六八）の銅板墓誌銘を出した船首《ふねのおびと》王後《おうご》の墓はその一例である。この日本最古の墓誌銘は大阪府柏原市国分《こくぶ》市場の松岳山《まつおかやま》古墳群のなかから、寛政（一七八九—一八〇一）のころ、山崩れによって偶然出土したもので、白鳳時代の漢文としても褚遂良《ちょすいりょう》風の名筆としても、きわめて優秀な作品であるが、転々して現在は三井家の所蔵に帰している。

この墓誌銘の出土によって、史上に有名な船氏《ふなうじ》の墓地や、この時代の墓の様子があきらかになった。この銘文によると王後は百済《くだら》の帰化人王仁《わに》の後裔《こうえい》で、世襲の外国使節接待の外交官兼通訳であった。勲功によって冠位十二等のうち第三級の大仁《たいじん》の位にのぼり、舒明天皇十三年（六四一）に六十余歳で没した。ところが、それから二十八年目の天智天皇七年にいたって、松岳山の船氏の墓域に改葬され、妻の安理故能刀自《ありこのとじ》と合葬されたというのである。夫婦合葬ということはこの時代の風としてわかるが、二十八年後の改葬ということは何を意味するであろうか。

すでに敏達天皇は大和訳語田幸玉宮《おさださきたま》（奈良県北葛城郡広陵町百済）に崩じて広瀬に殯葬《ひんそう》せられ、七年後の崇峻《すしゅん》天皇四年（五九一）に河内磯長《しなが》に改葬された。用明天皇は大和池辺双槻《いけのべなみつき》宮（磯城郡安倍村）に崩じて磐余池上《いわれいけがみ》陵に一時葬られ、七年後の推古天皇元年（五九三）に磯長原陵《しながのはらのみささぎ》に改葬された。舒明天皇は殯葬より三年目の皇極天皇二年（六四三）に押坂内《おうさかのうちつ》陵《みささぎ》に改葬された。その他年数は不明であるが、数年を経て改葬されることは多かったらしい。

これは先にも述べたごとく、死者の霊魂が子孫の供養によってきよめられ、神として祭られるという固有信仰の一変形と考えられる。この「きよめ」がすまぬ間は死者＝ほとけは祖先の神霊に仲間入りができなかったのである。今でも新仏のまつりに特別の儀礼があり、新盆の精霊《しょうりょう》が特別あつかいをうけるのはこのためであるし、「きよめ」＝供養をなすべき子孫をもたない無縁の精霊＝無縁仏《むえんぼとけ》は「けがれ」と「わざわい」をもたらすものとして恐れられた。

このほとけが供養をうける年数は、時代によって大体一定したものがあったと思われるが、一年、三年、七年などの年忌はその名残りである。船首王後の二十八年というのは少し特別の事情があったかと思うが、この改葬によって先祖の墓域に祭られ、「万代《まんだい》の霊基《れいき》を安《やす》らけく保《たも》ち、永劫《えいごう》の宝地《ほうち》を牢固《ろうこ》にせんが為《ため》なり」と墓誌銘に記されたのは、これが「弔《と》い切り」または「まつりあげ」であったかと思われる。今日では「弔い切り」または「まつりあげ」は三十三年か五十年ということになっているから、二十八年は長すぎるともいえないであろう。

両墓制については、後にくわしく述べたいと思うが、この葬制は「弔い切り」の期間をきわめて短く切り上げた形であろう。七日または四十九日をすぎれば、埋葬墓である三昧《さんまい》や捨《すて》場《ば》、身墓《みばか》、野辺《のべ》を捨てて墓を先祖墓である寺墓《てらばか》、寄墓《よせばか》、精進墓《しょうじんばか》、卵塔場《らんとうば》にうつすのは一種の改葬であり、「仕上げ」（忌上《ひあ》げ）であり、いわば「弔い切り」なのである。

さて、船首王後の墓とならんで大化改新以後、奈良時代以前の土葬墳として有名なのは、天武天皇六年（六七七）の墓誌銘を有する京都洛北高野の小野毛人《おののえみし》（小野妹子の子）の墓である。この墓には木棺と箱式槨があったというが、この時代の土葬墳には石棺が少なくなり、木棺と乾漆棺がこれに代わった。また玄室は凝灰岩をくりぬいた横穴式石室が多く、封土を盛ることが少なくなったのは、薄葬令の趣旨に合致するものであろう。もっと簡単なものになると、今日の土葬墓とほとんどかわらぬ縦壙《たてあな》をうがって木棺を埋め、棺と壙壁《こうへき》とのあいだに木炭を多量につめて、土を覆ったものもあらわれた。

副葬品は古墳時代と大差はないが、さすがに金属製品が多く、鏡には漢式鏡が少なく、鳳凰文鏡や仙人弾琴鏡や海獣葡萄文鏡《かいじゅうぶどうもんきょう》のような唐鏡がふくまれるのは、時代的に当然である。伴出土器としては壺形の瓶が多く見られる。これには何か宗教的な意味があったことを想像させるもので、先にのべたホトキ＝ホトケの意味か、祭器としての瓶子《へいし》の意味かどちらかであろう。

このように大化以後の墓は小規模になったけれども、これによってわが民族宗教の本質である祖先崇拝が、おとろえたわけではない。それは形式よりも内容を重んずる合理的精神の発展をしめすものであり、これを促進したものが仏教であった。死者の遺骸を尊重することから、死者の霊魂を尊重する精神段階に高められ、宗教的な深まりを示したのである。しかし、祖先崇拝、祖霊祭祀という根本はかわらず、これが仏教化されたとき「先祖供養」または「ほとけ供養」となった。

供養は『日本書紀』（敏達天皇紀）では「いたはりやしなふ」と訓じているとおり、もとは生ける親につかえることであり、ひいては僧尼をあがめやしなうことにも用いられた。したがって、かならずしも仏教的なものではないが、神道の氏神祭祀にたいして、仏教の先祖供養またはほとけ供養の概念ができあがったのである。このようにして、祖先崇拝は葬礼と墳墓が仏教化され、精神化されることによって、厚葬《こうそう》による経済的圧迫から国民を解放する結果をもたらした。

九

次に『大宝律令』のなかの「軍防令」によれば、

　軍役軍陣の間に死せる者の屍は当処に焼き埋む。

とあり、今も昔も戦没者の運命はかなしい。当時、東国から九州の辺境に出陣した防人《さきもり》たちの遺骨が、はたして父母、妻子の待つ故山にかえりえたかどうかはわからないが、おそらく「焼き埋む」とあるから異境に朽ちはてたものであろう。

同じ法律の賦役令には、

丁匠《ていしょう》の、役《えだち》に赴きて身死《みまか》れる者には棺を給す。道にあって亡《う》せたる者には所在の国司、官物をもって作り給し、並びに路次において埋め殯《もがり》す。牌《はい》を立て、並びに本貫を告ぐ。若し家人の来り取る者なきは、之を焼く。

とあり、国家の労役に服しながら異境に死せるものも火葬に付された。

また、『万葉集』には不慮の死をとげた人々を火葬した歌が散見され、土形娘子《ひじかたのおとめ》を泊瀬山《はつせやま》に火葬したとき、柿本人麻呂は、

隠口《こもりく》の泊瀬《はつせ》の山の山の際《ま》に
　いさよふ雲は妹《いも》にかもあらむ　（巻三　四二八）

とよみ、溺れ死んだ出雲娘子《いずものおとめ》を吉野に火葬したときも、同じ歌人は、

山の際《ま》ゆ出雲の児等《こら》は霧なれや
　吉野の山の嶺《みね》に棚引《たなび》く　（巻三　四二九）

とよんだ。また天平元年（七二九）に摂津国の班田史生《はんでんししょう》、丈部龍麿《はせつかべのたつまろ》がいかなる事情あってか縊死《いし》したとき、友人大伴三中《おおとものみなか》は、

昨日《きのふ》こそ君はありしか思はぬに
　浜松の上に雲と棚引く
（巻三　四四四）

とよんでいる。

このように行政処理のうえから庶民の火葬せられるものもあったが、概して火葬は進歩的知識人である貴族と僧侶《そうりょ》にかぎられたようである。

現在、判明している奈良時代以前の火葬墳は三十数例あるといわれるが、そのうち年時と被葬者の姓名のあきらかなもの十二、三例について見ても、ほとんど貴族と僧侶である。

火葬を普及した大恩人といわれる行基《ぎょうき》も自ら火葬された僧侶で、この火葬骨は銀製舎利瓶《しゃりびょう》（骨壺）におさめられ、それをさらに二重の銅製外容器に入れ、そのうえ、これを石櫃《せきき》に包蔵してあったという。これらの蔵骨器は今は行方不明で、ただ銅製外容器の一部破片（長さ一〇・三センチ、幅六・七センチ、厚さ四ミリ）がのこっているだけである。まことに惜しいことだが、いたし方ない。この破片を見ると銅製外容器に墓誌銘がほられていたことがわ

かり、□一年二月二日□の文字があって行基の没年月日の天平二十一年二月二日に符合する。しかし、この墓誌銘の全文は行基の墓が発掘されたとき（文暦二年＝一二三五）、これを記録していたものがあって、『大僧上舎利瓶記《しゃりびょうのき》』として伝えられているのは不幸中の幸いであった。

行基はわが国の庶民仏教史上にもっとも重要な人物であるが、また墳墓史のうえからもきわめて大切な人である。この偉大な宗教家は庶民のあいだに仏教をひろめるために、諸国を行脚して寺をたて、用水池をほり、水樋《みずひ》をとおし、橋をかけ、布施屋をつくり、船泊《ふなどまり》をおこし、荒地を開墾するなどの社会事業に一生をささげたが、後世にもっとも大きい影響をあたえたのは、庶民のために火葬をはじめ、墓をおこしたことである。

火葬および墓地を管理した半僧半俗の聖《ひじり》（三昧聖・御坊聖《おんぼうひじり》）は、多く行基菩薩の門弟という伝承や縁起を持っており、この聖の坊から発展して寺となったものもきわめて多い。今日村落寺院がたいてい行基菩薩開創の縁を持っているのは、このような事情にもとづくものと解釈される。いま庶民的寺院が葬礼と墓地を管理するのは、行基の広大無辺なる慈悲行をうけついだもので、尊い宗教活動といわなくてはならない。

一〇

いま墓といえば石碑を意味するほど、石碑は普及したが、これはいったいいつごろはじまったのだろうか。

もちろん、『大宝律令』の「喪葬令」には「凡《およ》そ墓には皆碑を立てよ。具《つぶさ》に官姓名之墓と記せ」とあったが、実際に官姓名を記した奈良時代以前の「石碑」というものはない。しかし、「石塔」というものはあったのであって、行基の墓について書かれた『大僧上舎利瓶記』（文暦二年）には行基の墓には多宝塔を立てたという記事がある。ところが、この記事をうたがう人がわりあいに多いのでちょっと注意しておきたい。それは多宝塔というものは弘法大師がはじめて日本につたえた塔形で、その最初にできたのが高野山の根本大塔《こんぽんだいとう》であるから、奈良時代に多宝塔はないはずだという説である。なるほど金剛界曼荼羅三昧耶会《こんごうかいまんだらさんまやえ》に図《ず》せられ南天の鉄塔を模したといわれる根本大塔のような、単層でしかも木造の密教系の塔はなかったにちがいない（高野山の根本大塔が重層に見えるのは、円い筒《つつ》のような塔身のまわりに四角形の裳階《もこし》という張出しをつけたためで、初層の屋根はこの裳階の屋根である）。

ところが、奈良時代以前にできた大和長谷《はせ》寺の国宝銅板法華説相図には、『法華経』にとかれた顕教系の多宝塔が見えるので、この説はかならずしもあたらない。『法華経』のほうの多宝塔も、のちには密教系の多宝塔形をまねるようになったが、塔の前面に釈迦如来と多宝如来が並座されているのですぐ区別がつく。しかも、大和長谷寺の多宝塔は三層塔にできているから、密教系の多宝塔とはなんの関係もない。こんなわけで私は行基菩薩の墓には三層か五層の法華経式石造多宝塔があったものと信じている。

これを石塔と推定するわけは、次のような次第によるのである。今から六百五十年ほど前に東大寺の大学者で凝然大徳《ぎょうねんだいとく》という僧が、行基の墓をしらべて、菩薩の墓にはもと多宝塔があったが途中で石塔になり、またこんど木造の多宝塔をたてたと述べている。これはさすがの凝然大徳も『大僧上舎利瓶記』の多宝塔を木造と解釈したから、その当時すっかり荒れて倒れていた石塔を後でできたものと思いちがえたのであろう。いずくんぞ知らん、倒れていた石塔こそもとの石塔だったわけである。

このような私の推定を裏書するものとして、もう一つの奈良時代の石塔がある。それは奈良県高市郡明日香村稲淵《いなぶち》の龍福寺にある従二位竹野王《たけのおう》の墓で、今は三層半しかのこっていないがもとは石造五層塔であったらしい。ひどくボロボロに風化しているが「天平勝宝三年次……辛卯《かのとう》四月廿四日……子従二位竹野王」などの銘文がかすかに読める。元明天皇陵にも陵碑があるが、これは後世のものであって、たしかなものは以上の二例である。石造建造物というものは永久にのこるものであるにもかかわらず、この二例しか現在わかっていないところを見ると、奈良時代までは石塔は普及しなかったのであろう。それではこの時代に石塔墓碑がなぜ普及しなかったのであろうか。これは日本仏教の墓というものを考えるうえで、きわめて大切な点であるが、くわしく述べると長くなるから、だいたいの話だけをしておきたい。

二

前にものべたように奈良時代の貴族、文化人のあいだには火葬がはやって、たくさんの骨壺が掘り出されている。この骨壺の発掘にはたいてい金属製墓誌の伴出か、骨壺そのものに彫られた墓誌銘が出ており、誰のものであるかがわかる。この時代に墓誌のない骨壺は墓誌版の腐蝕《ふしょく》によるか、発掘時の不注意に帰せられるようである。

この事実は何を意味するであろうか。これは今日の墓の上の石碑を墓の中に埋めたということになるであろう。ということはさすが中国文化模倣の文化人でも、日本古来の墓の伝統的形式を無視できなかったということになる。

私は石碑におのれの名を（しかも俗名を）麗々しく彫りつけて人目にさらそうとする現代人よりも、自分の家系と生立ちを書いて墓に埋めた奈良時代人をおくゆかしく思う。人間は死ねば、「真に帰し無為に入り」永遠なる霊魂として、一切の個性を滅却するのである。宗教の世界では霊魂に貧富貴賤の差別はない。戒名という宗教的命名法はこの霊魂の平等性をあらわしたものであるから、できるだけ簡単で個性のないものが望ましいのである。

これで墓誌を埋めた墓が、地上に墓碑を立てない理由があきらかになったと思うが、実は古代、中世の墓に原則として墓碑を立てなかったことには、もっと別の意味がある。

それは日本古来の墓は、多く常磐木《ときわぎ》を植え、またはその生枝《なまえだ》を立てて森とし、ここを故人の不滅なる霊魂をまつる祭場（斎場）としたことによるのであって、前方後円墳という日本独特の墳墓形式が、死体埋葬場と祖霊祭場とを結合したものであるということはすでに述べたとおりである。

このような日本民族固有の信仰と慣習が「凡《およ》そ墓には皆碑を立てよ。具《つぶさ》に官姓名之墓と記せ」と述べられた外国模倣の一片の法令で、一朝にして外国風になるはずはない。したがって、一部のあたらしがり屋のほかは、やはり墓の上に常磐木を立てたものであろう。

墓は故人の名を石に彫ってのこす記念碑ではなく、故人の霊をまごころこめて祭る神聖な供養の場であるということを、われわれの墳墓研究はおしえるのである。墓は木の枝一本でよろしい。先祖の供養をおこたらぬということが、日本人の仏教信仰の真髄でもあることを、一般に見直してほしいのである。

どこの墓地へ行って見ても無縁の墓石がいかに多いことだろう。高野山などでも、落葉の下にうずもれた無数の無縁墓石がある。この無縁墓をあつめて供養する功徳はたしかに大きいけれども、功徳を目的とした無縁供養だったら、故人もいささか微苦笑するかもしれない。しかしそれはそれとして、墓石を立派に立てて放置されるよりも、どんなささやかな墓でもまごころこめて子孫に祭られるにしくはない。「祖霊は他姓のまつりを享《う》けず」ともいわれている。子孫も祖霊に感謝し、その加護をいのることによって、人間本来の素朴《そぼく》清浄の心にたちかえり、家業に精進する勇気をあらたにするものである。

二

ところで日本民族が古来、常磐木を墓に挿して霊魂を祭った伝統はトーバとして今にうけつがれているが、もとはどのような木を用いたのであろうか。私の調査によると、松、杉、檜《ひのき》、樫《かし》、樅《もみ》、槙《まき》、たもなど多くの常緑樹と落葉樹の栗《くり》、朴《ほお》が、霊のやどる木として墓に立てられたことがわかってきた。しかし、なんといってもいちばん多かったのは樒《しきみ》であった。樒はもとサカキとよばれた。実はサカキという名は「栄木《さかき》」の意味で常磐木全体の名であったが、樒のつややかな葉や清浄な香気が、神仏を祭る木としてもっともふさわしかったので、サカキの名を独占したのである。今も樒を花サカキ、木サカキ、花柴《はなしば》、香柴《こうしば》などとよぶところがある。『源氏物語』賢木《さかき》の巻に、

乙女子があたりと思へばさかき葉の　香をなつかしみ尋《と》めてこそ折れ

とあるのは、香の高いサカキ、すなわち樒のことであった。しかし近世になると、神事と仏事の区別が厳重になり、樒は仏事にかぎられるようになった。それでも江戸時代の中ごろまでは、東海道の箱根、金谷、島田、藤枝などの宿駅ですら樒を門松に立てていた記録（『松

の落葉』）があり、山城、丹波、近江、三河、播磨《はりま》、美作《みまさか》などでは今も正月飾りに樒を用いる。今日われわれは何の気なしに墓参の花立に樒や槙の枝を挿すが、これこそむかし墓に常磐木を立てて仏を祭った名残りで、またもっとも古い形のトーバなのである。トーバというものは、亡き人のみたまがこの常磐木の生々した梢にやどって供養をうける、という信仰から墓に立てたもので、仏教がわが国に渡る以前からの古い慣習である。したがって、この挿した木が根付けば仏が成仏した（または神になった）瑞相《ずいそう》としてよろこぶ信仰が、梢付《うれつき》トーバの信仰に見られる。古い墓地が多く鬱蒼《うっそう》たる森をなしているのは、この信仰の名残りと考えてよい。

先年、ある座談会で、私の墓地に大きな木があり、これが墓相上わるいということですがどうしましょう、という真剣な質問をうけたことがある。しかし、大きな木が墓相上、凶相とすれば、高野山の霊域ぐらい凶相の墓地はないということになる。学問と常識とはかならずしも一致しないものであるが、今日、有名な神社（官幣社をふくむ）で、もと墓であったことがあきらかになっているところはけっして少なくない。たとえば、能登一之宮の気多《けた》神社（旧国幣大社）、紀伊竈山《かまやま》神社（旧官幣大社）、但馬出石《たじまいずし》の出石神社（旧国幣中社）、備中吉備津《きびつ》神社（旧官幣中社）などは、その神域に古墳を持っていて、その古墳の主を祭った神社であることはあきらかである。これは祖先の墓が森となり、この森で行なった祖霊祭が墓を神社化してしまったのである。したがって、氏神様の森は生木《なまき》トーバの生長によって出来たものもあると考えられる。トーバのおこりというのはこのようなものである。

　トーバのおこりは、以上のような祖霊の依代《よりしろ》の常磐木から出発したものであるが、これが現在のような角トーバ、板トーバ、経木《きょうぎ》トーバに変化した次第は次のようなものと、私は推定している。もと墓に樒や杉や槙を挿した慣習ののこっているところは、全国的にいえば少なくなったが、この慣習は三十三年忌や五十年忌の「弔《と》い切り」の法事に梢付トーバまたは二股《ふたまた》トーバというものを墓に立てる慣習として、九州から東北まで全国にひろくのこっている。梢付トーバというのは一五〇センチから三メートルぐらいまでの松、杉、樫、栗、椎などの枝の梢の葉をのこして、下半分の皮を一部削って梵字《ぼんじ》や戒名を書いたものである。二股トーバも同様であるが二股になった枝の梢の葉をのこしたものと、梢を切ったものとある。しかし、どんな場合でも葉と皮をのこして、生木であることを表示することだけは忘れない。

墓上の梢付トーバ（滋賀県高島町）

　このような梢付トーバ、二股トーバが枝も葉もない杖《つえ》型トーバとなり、その一面を削りくぼめた杓子《しゃくし》トーバとなり、または杖型の円を六角形に削った六角トーバとなって、だんだん生木からはなれて仏教の教理を表現するようになった。六角トーバは真言宗でとくに重んじているトーバである。それから角柱トーバや板碑《いたび》型トーバとなった。ただし角柱トーバはトーバとしてでなく木製墓碑、すなわち木碑《もくひ》として、石碑の立つまでの墓標に立てられている。一方、平安時代の末に、弘法大師のもたらした密教系多宝塔が変形して五輪塔というものになったが、角柱トーバはこの五輪塔と結合して、脚部の長いいわゆる卒塔婆《そとば》（卒都婆）というものになった。今日、角トーバといわれるものはその簡略化されたものである。しかし、卒塔婆という中世の名称は学術的には非常にまぎらわしいものがあるので、角柱五輪《かくちゅうごりん》トーバというほうがよいかもしれない。いうまでもなく板トーバ、経木トーバはだいたい、角柱五輪トーバを板状または経木状にうすくしたものと考えてよい。

一三

以上で簡単にトーバの起源と発達の歴史を述べたが、トーバを従来のように塔婆と書かなかったり、卒塔婆という文字をわざと用いなかったのには、すこしわけがある。それはトーバというものはインドのストゥーパからきたもので、ストゥーパを卒塔婆と書き、略して塔婆というのが仏教学者や仏教考古学者、あるいは美術史家の常識になっているからである。このような常識は一時代前まではすべて仏教くさいものは、インド起源で説明するところからきたことはいうまでもない。ところが、それではどうしても辻褄《つじつま》の合わないところが出てくることは、お盆やお彼岸ばかりか、葬式や墓を見ればよくわかる。とくに塔婆にいたってはよほど上手に詭弁《きべん》を弄《ろう》さぬかぎり、インドのストゥーパから説くことは不可能なのである。ところが、これを庶民の伝承や民俗としての常磐木の依代である梢付トーバから説明すれば、スムースに解決がつく。このようなところから、日本仏教を日本の固有信仰や民俗から出発して体系的にあきらかにしようとして「仏教民俗学」というものを提唱したのである。

したがって、私は常磐木の依代から出発したトーバと、ストゥーパを塔婆とするものとを区別するために、トーバと書いたのである。しかし、従来の学説は中世の塔婆、卒塔婆の文字にまどわされて、三重塔婆、五重塔婆などの法隆寺や興福寺や東寺に、空高くそびえる木造高層建築と、角トーバ、板トーバ、経木トーバの起源は同じだと考えてしまった。これが根本的な思いちがいであったことは、私の説明を見れば一目瞭然《りょうぜん》であろう。それはともかくとして、奈良時代の墓にあまり多くの石塔が見られないということは、この時代の人が墓を大切にしなかったということでなく、地下には万金を投じた骨壺を埋めながら、地上には日本在来の木を立てて供養をおこなったと解釈することができよう。

しかし、一方では行基や竹野王のように、石造層塔を墓の上に立てることがはじまり、平安時代以後多くの石造五重塔、石造九重塔、石造十三重塔、石造多宝塔が立てられた。ただこれを墓碑とみとめるか供養塔とするかは問題で、かりに故人の名を石に彫りつけたものを墓碑、無文字または梵字だけのものを供養塔とすれば、供養塔が圧倒的に多かったといわねばならない。このような供養塔はやがて埋葬や火葬骨墓の上ではなく、神聖な霊地にも立てられることとなった。これがまた寺の境内や山の上に、写経と供養の願文を地下に埋めて故人の冥福をいのる、経塚式供養塔が平安時代末期から流行するようになった。

　このころから五輪石塔が墓碑または供養塔として墓に立てられ、鎌倉時代の五輪塔全盛時代をむかえる。宝篋印塔《ほうきょういんとう》というものは死者の罪業を滅して死後を安楽にする宝篋印陀羅尼《ほうきょういんだらに》を書いておさめる供養塔であるが、鎌倉時代の末から墓碑として立てるものもあらわれた。室町時代には一般に一石小形五輪塔が流行し、生前に自分の死後の供養をしておく逆修《ぎゃくしゅ》供養塔として立てられることが多かったのである。また、名号板碑《みょうごういたび》という南無阿弥陀仏の六字の名号を彫った板碑も供養塔に用いられたし、地蔵菩薩を半肉彫にした板碑もたくさん立てられた。このような供養板碑は時とともに忘れ去られていたが、いま福田会などの手で整理され、寺の境内に積み上げられているところもある。しかし、これも積み上げただけでは単なる石であるから、寺や信仰者がこれを折にふれて供養することによって、はじめて石塔としての功徳を発揮するものと思う。

　ところが、江戸時代の中ごろから現在見られるような角柱型石塔が純然たる墓碑として流行し、殺風景な墓地風景を現出するにいたった。これは近代の簡素と実用を重んずる風潮からであろうが、宗教心の減退がこの石塔形を生んだものと私は考えている。さきにも述べたように墓碑は記念碑ではなく墓前供養にあたっての礼拝の対象になるのであるから、一見して宗教心をよびさます塔形であることがのぞましい。一見して宗教心をよびさます塔形というのは、第一に塔形の上に宗教的シンボルが表現されていること（真言宗の五輪塔や、キリスト教の十字架などは宗教的シンボルである）、第二に塔形そのものが芸術的であること（石造美術のもつ象徴的な線と量の美感はそのまま宗教感情に通ずるものである）、という二つの条件をかならずそなえなければならない。この二つの必須条件をそなえた塔形としては、平安朝様式の多宝塔、鎌倉時代様式の五輪塔と板碑、南北朝様式の宝篋印塔がもっともすぐれている。とくに板碑というものは梵字や真言のようなシンボルを表現しやすいし、仏像や名号を浮彫することもできる。しかも常磐木の依代にもっとも近いものなので、供養塔としてはいちばん適当であろう。五輪塔も大型のものは石造組立五輪塔、中型、小型のものは石造角柱五輪塔か板碑浮彫五輪塔、板碑浮彫多宝塔などが私はもっとも好きである。

最近、各地に戦没者供養塔の建立が計画されているが、このような純供養塔の場合は第三の条件として仏舎利の埋納、すなわち有縁者の敬写した写経を塔の下に埋めるのがよいと思っている。写経は昔も今も供養の意をこめた信仰的所産である。

一四

さて西日本一帯に墓をサンマイ（三昧）とよぶところが多いのは何に由来するのであろう

か。仏教語で「三昧」（サマーディ）といえば、禅定《ぜんじょう》とか静慮《じょうりょ》とかいう意味で、心をしずめて無念無想になることである。これは悟りの彼岸にいたるための修道法であるから、墓をこの言葉でよぶには何かわけがあるにちがいない。

この疑問をとくためには、わが国の平安時代の墓制をかえりみる必要がある。

私はすでに古代から奈良時代までの墓についてのべたが、そこには庶民の墓はあまりあらわれなかった。これは古墳時代の庶民の地位をものがたるとともに、飛鳥《あすか》、白鳳、天平時代の仏教が、優秀な仏教文化を生みながら、一般大衆とはあまり縁がなかったことを示すものにほかならない。そのなかにあって、わずかに行基とその一派が、庶民仏教の基《もとい》をひらいたにすぎなかった。平安時代に入るとともに仏教は弘法大師や伝教大師の力でいよいよ庶民教化と救済にのりだしたのである。

まず伝教大師は「四種三昧」という修道法を実践するために、一行《いちぎょう》三昧院、般舟《はんじゅ》三昧院、法華《ほっけ》三昧院、覚意《かくい》三昧院という四つのお堂を比叡山上に建てたといわれる。その高弟、慈覚《じかく》大師《だいし》になると、四種三昧のなかの般舟三昧（念仏三昧）と法華三昧をとくに重んじて、比叡山に常行《じょうぎょう》三昧堂（念仏堂）と法華三昧堂（法華堂）を建てた。いま比叡山西塔釈迦堂の前にある「荷《にな》い堂」といわれる二つのお堂はこれを伝えたものである。

天台宗では現在でも「朝法華、夕念仏」といわれるように、『法華経』と称名念仏を重んずる。この伝統が法華堂と常行堂にあらわれているが、とくにこの二つの堂がのこされたのは、やはり死者供養と墓に関係があるためだろうと、私は解釈している。というのは、『法華経』は死者の生前の罪業を滅ぼす滅罪経典としての庶民信仰があったし、称名念仏にはその滅罪の功徳とともに、死者を浄土に往生させる力があると信じられたからである。

わが国では平安中期から浄土信仰が普及したのは、一般仏教史がいうように末法思想のためばかりではない。それは平安文化人の一つの観念論で、庶民はいかにして死者の魂を安楽にしてやるかが最大の関心であった。死者の魂が死後に地獄に堕《お》ちたり、苦痛をうけるのは生前の罪業の報いである。したがって、この苦を抜いてやる必要があるのであって、往生というのはその次の段階であった。そのためによく地獄に堕ちた死者が夢や巫覡《ふげき》や山伏の託宣(口寄せ)を通して、『法華経』の書写をたのむ説話が出るのである。

そのような庶民信仰の背景があればこそ、平安時代の中期に、文人貴族と進歩的僧侶によって「勧学会」とか「供花会」という信仰の集会がもよおされ、午前は『法華経』を講じ、午後は念仏をした。これに空也が参加していたことは『本朝文粋《ほんちょうもんずい》』にもうかがえるのであって、これが往生だけを目的とするならば、『法華経』を加える必要はなかった。

このようにして、『法華経』を三昧僧が読誦《どくじゅ》する法華堂というものが墓上、または墓側に建てられることになり、法華三昧を略して墓を三昧とよぶようになったとするのが、私の見解である。とくに、個人の墓に法華三昧堂をおくのは皇族や貴族に多かった。たとえば、後白河天皇、六条天皇、高倉天皇、後鳥羽天皇、土御門《つちみかど》天皇、順徳天皇、後堀河天皇、後嵯峨《さが》天皇、後深草天皇の御陵の上には法華三昧堂が建立されていた。そして、後深草天皇の法華堂には伏見、後伏見、称光、後土御門、後柏原、後奈良、正親町《おおぎまち》、後陽成の諸天皇の遺骨が納められたのである。

また、源頼朝、同政子、同実朝、北条義時など将軍や執権の墓にも、法華堂が建てられたことが文献で知られる。小学唱歌に「英雄墓は苔《こけ》むしぬ」とうたわれた頼朝の墓の五輪塔は、あとで誰かが持ってきて置いたものである。このような経過で滅罪のための埋墓《うめばか》がサンマイとよばれるようになったものと推定される。

一五

法華堂に対する常行堂の念仏のほうは、恵心僧都が常行三昧の功徳はもろもろの功徳のなかで最上のものであるととなえ、「二十五三昧講《にじゅうござんまいこう》」というものを組織してからは、比叡山の僧侶はもちろん一般大衆の間にも流行しはじめた。

二十五三昧講というのは、二十五人の同志があつまって一つの信仰団体をつくり、「われら契《ちぎり》を合わせ、互いに善友《ぜんゆう》となり、相助けて念仏せしむ」と誓って、平素は毎月十五日に集《しゅう》会《え》して念仏三昧を修し、信仰を語り、「父母兄弟の思をなして」助け合いの堅い交りをむすぶとともに、一旦同志の一人が重病にかかれば見舞と看病につとめる。しかし、いよいよ絶望となればこれを「往生院」（無常堂ともいう）にうつして、本尊阿弥陀如来の手にある五色の幡《はた》の脚をにぎりながら、極楽往生の想念仏のうちに臨終せしめるというものであった。

二十五人というのは阿弥陀如来が信仰者の臨終にあたって、これを極楽浄土にむかえるために来迎されるとき、二十五人の菩薩聖衆《ぼさつしょうじゅ》が音楽歌舞してお伴《とも》をするというお経の説によったものである。同志をあつめて信仰団体をつくるにはちょうど適当な人数であったろう。しかし驚いたことには、二十五三昧講ははじめ比叡山の僧侶《そうりょ》と京都の公卿《くぎょう》のあいだで結成されたが、たちまちに僧侶の間に流行して日本人の葬送から社会組織にまで一大変化をもたらしてしまった。

これはわが国の墓制史のみならず、社会史のうえにも重大な事件である。というのは従来は、血縁集団を中心として葬送や信仰の講をいとなんでいたものが、血縁の枠《わく》をやぶって、普遍的な信仰と相互扶助《ふじょ》の集団をつくるようになったからである。現在の日本社会史は経済的な面だけしか日本社会の成り立ちを見ていないので、精神的なつながりをつかむことができない。しかし、日本社会の根底には経済的条件だけでは説明できぬ宗教的要素がつよく流れている。現在でも大都会の寄合い世帯ならいざ知らず、日本的伝統のよく残っている農村や地方都市には、講組《こうぐみ》、無常組《むじょうぐみ》、念仏講、鉦講《かねこう》、六斎講《ろくさいこう》などの宗教団体が、社会結合の精神的基盤をなして、いろいろの扶助と交際が行なわれている。

わが国の社会は、古代と中世の交代期に氏神を中心とする血縁的な同族結合から、宗教団体を単位とする隣保《りんぽ》的結合へと変化してきたのであって、これを促したものが仏教の講であった。このような宗教団体は同族団体のように排他的、階級的ではなくて包容的であり、人類愛の宗教としての仏教の本領がもっともよく発揮されたものといえよう。

宗教は個人の安心《あんじん》や観念だけにとどまっているあいだはほんとうの宗教ではない。これが社会組織のなかにとけこんで、共同社会のかたい紐帯《ちゅうたい》となってはじめて完全な宗教となる。現に日本の仏教は、社会的慣習や年中行事として、日本人の社会に欠くことのできぬ宗教となっている。この強味はとうていキリスト教や新興宗教のおよぶところではない。ただわれわれはこの仏教の強味に甘んじて、仏教の本質たる慈悲の精神を忘れてはならないのであって、年中行事や葬式法要をとおして「たすけ合い」の実践がなされねばならない。

私はある大都会の葬儀に参列したことがあったが、僧侶も葬送業者も事務的なうえに、隣近所も知らぬ顔で、そのしらじらしさは堪えがたいものがあった。そこでは人生最大の悲哀すら事務的、機械的にとりあつかわれてしまう。これでは人間がほんとうに人間らしい心になる余地は、とうていないであろう。よくいわれるように近代社会機構の欠陥というものがあるとすれば、それは貧富の懸隔や労資の対立よりも「人間性の喪失」にあるのではないかと思う。これこそ自由主義と個人主義と合理主義の上に立つ近代のもたらした、最大の不幸ではないだろうか。

これにたいして田舎の葬式には一面、程度を越した浪費という弊害も見られるには見られるが、講組が相寄って悲しみにしずんだ喪家《そうか》の世話一切をひきうけ、故人の永遠の門出を哀々切々たる音調の念仏で送る。所によっては山作り（墓掘り）、陸尺《ろくしゃく》（棺舁《か》き）、焼番（火葬係）までも無常組がひきうけて、近親者もおよばぬ手厚いいたわりをする。このように美しい「助け合い」の社会組織が、欧米の個人主義社会を理想としたり、都市生活のなかで失われるとしたらまことに惜しい。日本的なヒューマニズムは文化人の独善や屁理屈のなかにはない。むしろ葬送にあたっての講組の「助け合い」という、無知で貧困な庶民のあたたかい義理人情《ヒューマニティ》のなかにこそ見出される。そしてこの義理人情をはぐくんだヒューマニズムの宗教を日本人の間に普及させたのが二十五三昧講であった。

一六

恵心僧都は、二十五三昧講の趣旨や規約を『二十五三昧式』と『二十五三昧起請《きしょう》』に書きのこしている。これによると、同志の墓所には往生院《おうじょういん》を建てて死後三日のうちにここに葬り、葬式には自分の父母師長に不幸ある場合のほかは、いかなる理由あっても欠席はゆるされない。四十九日までは七日ごとに集会して、念仏三昧を修し、一周忌および春秋二季の彼岸にも三昧堂にあつまって念仏をする。三昧堂には同志の過去帳をそなえて命日を記し、毎月十五日恒例の法華会《ほっけえ》と念仏会および毎年の祥月命日には供養しなければならない。

また、注意すべきことは、この念仏会の結願《けちがん》には光明真言《こうみょうしんごん》を誦《じゅ》し、土砂《どしゃ》を加持《かじ》すべきことを規定していることである。これは恵心僧都の念仏には密教の色彩が濃厚だからであるが、この光明真言というのも死者の滅罪の功徳《くどく》のある真言であった。一般に光明真言が普及したのは、鎌倉時代はじめの明恵上人からであるといわれているが（『光明真言土砂勧信記《どしゃかんじんき》』）、恵心僧都はすでに二百余年前にこの真言の功徳をみとめ、二十五三昧講の作法にとりいれていたのである。

また過去帳というものは慈覚大師がはじめたとの伝説があるけれども、おそらく恵心僧都の二十五三昧講が最初であったろう。奈良東大寺修二会《しゅにえ》（お水取り）によまれる過去帳なども、これ以後のものと思われる。現在、念仏講や六斎講のある地方では、お寺やお堂に掛軸式の過去帳をかけている。これが過去帳のいちばん古い形であろうと私は考えているが、もうたいていすすけて真黒になり、紙もはげて文字もさだかでない。その中央に阿弥陀如来または六字名号を書き、その左右または下段に念仏講衆ですでに故人となった霊位の戒名と命日をしるしてある。今でも書きついでいるところもあって、霊位欄が満員になるとあたらしい掛軸をつくるようである。春秋の彼岸と盆にはお堂にかならずこれをかけて、念仏供養がいとなまれ、新亡《しんもう》の家からはお斎《とき》やお重箱をはこぶならわしとなっている。

このような念仏講や六斎講は、天台宗のみならず真言宗、浄土宗の檀家に多いが、いずれも恵心僧都の二十五三昧講の名残りであり、日本仏教の精神を伝えたものである。近ごろこれがおとろえたのは惜しむべきことで、念仏講、葬式講の復活こそ、日本仏教の再興につながるであろう。しかも、古風な念仏講や六斎講の伝える六斎念仏は、美しい旋律の念仏詠唱で、ほこるべき宗教音楽である。近ごろは習得に大きな努力を要する六斎念仏のかわりに、八十八ヵ所や三十三観音の御詠歌を唱えるところが多くなったが、二十五三昧講のあたたかい精神だけは失いたくないものである。

一七

さて、恵心僧都のはじめた二十五三昧講はまず比叡山を風靡《ふうび》してから、次いで京洛の地に流行して墓地に行なわれた。ことに、定覚《じょうかく》上人は有名な京都北洛の大墓地である蓮台野《れんだいの》にこの講をおこしたといわれた。二十五三昧講の往生院は蓮台廟《びょう》ともよばれたので、この名がおこったものであろう。そして京都以外でも埋墓や風葬墓地を、蓮台野とかデンデラノとよぶようになった。また、京都付近では日野《ひの》の南や洛南木幡《こはた》の藤原氏歴代の墓地に三昧堂ができた。これははじめ藤原道長が先祖供養のために建立したといわれる。また、鳥辺《とりべ》山《やま》、船岡《ふなおか》山《やま》、西院、竹田、阿弥陀ケ峰の五大墓地が五三昧《ごさんまい》とよばれたのも、三昧堂があったからであろう。鎌倉時代には高野山にも二十五三昧講があったから、現在の伽藍壇《がらんだんじょう》上に三昧堂がある。また、日蓮上人が佐渡へ流されたとき、佐渡にも三昧堂があったと『日蓮上人文集』にあるから、ひろく普及したことが想像される。

高野山の二十五三昧講は鎌倉時代（貞応三年正月十五日）に書写した『二十五三昧講式』が金剛三昧院《こんごうさんまいいん》にのこっていることからはっきりわかる。また、高野山新別所の往生院に俊《しゅん》乗坊重源《じょうぼうちょうげん》の念仏蓮社《れんしゃ》、すなわち二十五三昧講があり、このなかの一人の斎所権介《さいしょごんのすけ》成清《なりきよ》という人の子である一道心《どうしん》が、父母や妻子の訪問勧誘にもかかわらず、ついに蓮社を脱退しなかった話が『発心集《ほっしんしゅう》』にのっている。おそらく石童丸《いしどうまる》物語の原話の一つであろうが、新別所の往生院は念仏三昧を修する堂であったから三昧堂にあたるわけである。

また、日蓮上人の佐渡の配所は新穂《にいぼ》郷塚原の沢深く草茂れる墓所の小堂で、ここは洛陽蓮台野のごとく死人をすてる場所であったので「塚原」の名があったという。塚の上に小堂があり、黄葉は軒を埋め青苔は柱にまとい、無仏無僧の小堂で三昧堂とよばれたとある。このように墓所と三昧堂は密接不可分の関係にあったので、墓が三昧とよばれるようになったのである。

そのほか、平安時代の末ごろから鎌倉時代にかけて多くの阿弥陀堂が各地に建てられたが、そのなかには三昧堂の意味をもったものが多い。京都の日野法界寺《ほうかいじ》阿弥陀堂、大原三千院阿弥陀堂（往生極楽院）、平泉中尊寺阿弥陀堂（金色堂）、磐城《いわき》白水《しらみず》阿弥陀堂、豊前田染《たしぶ》の富貴寺大堂《ふきでらおおどう》などがそれで、三千院阿弥陀堂は恵心僧都の妹の尼《あま》君の三昧堂といい、中尊寺光《ひかり》堂《どう》が藤原三代の遺骸をおさめた葬堂《そうどう》であることは有名である。

光堂というのは一光三尊の阿弥陀仏を本尊とするところからよばれたものであろうが、一名迎接堂《ごうしょうどう》ともよばれた。これはこの堂で迎接会《ごうしょうえ》すなわち迎講《むかえこう》が行なわれたからで、これがすなわち大和の当麻寺《たいまでら》や、摂津平野の大念仏寺、播磨《はりま》の太山寺《たいさんじ》、京都の泉涌寺《せんにゅうじ》などにのこっている二十五菩薩練供養《ねりくよう》である。

三昧堂は無住の場合もあったが、中世にはたいてい三昧僧や念仏聖《ひじり》が住んで、半僧半俗の生活をしながら墓守《はかもり》と葬式法事の世話をしていた。今でも天台、真言の大寺の下には、墓に付属した堂とか坊とか寮とかよばれる小堂に墓守の道心《どうしん》が住んでおり、昔の三昧堂のおもかげをのこしている。天台、真言の僧侶は中世には国家や貴族のために祈禱《きとう》し、または大社や鎮守社の別当として神に仕えるため、精進潔斎《けっさい》せねばならなかったので、葬式に関係することはゆるされなかった。したがって、葬式と墓は、聖とか道心とかの下級僧侶の手にゆだねられていたのである。

ところが、法然《ほうねん》上人や親鸞《しんらん》聖人が念仏に新しい宗教的意味を見出し、念仏三昧を専門とする聖や道心を中心とする教団をつくりはじめるとともに、三昧堂もしだいに寺院の形態をととのえた。そして天台、真言からはなれて、墓と葬式を管理する独立の寺院となった。新旧両宗派から成る一山《いっさん》寺院の構成が、たいてい天台・真言系寺院が寺領はもちながら墓と檀徒をもたず、浄土教系寺院のみ墓と檀徒をもつという今日の形はこのようにしておこったのである。

しかし、近世のはじめに徳川幕府の宗教改革によって、多くの天台、真言寺院も檀徒をもたなければならないこととなり、墓と葬式に関係することとなった。これは中世に特定の貴族や大檀越《だんおつ》だけに奉仕したこれらの寺院が、庶民救済にのりだしたことを意味する。そのため真言宗も従来の学問中心の宗派から信仰中心の宗派に転向した。この信仰の中心が弘法大師であり、弘法大師信仰こそ庶民仏教としての真言宗の生命であることはいまさら述べるまでもない。しかも、弘法大師信仰の具体的なあらわれは高野山納骨ということであった。

一八

高野山は日本国総菩提所として、宗教、宗派のいかんにかかわらず、参詣、納骨する霊場であるが、これはいつごろからのことであろうか。

納骨という以上、もちろん火葬が行なわれてからのことであると思うのが常識である。ところが通例、真宗門徒以外は火葬を行なわない紀州や大和からでも、高野山への納髪や仕上げ参りがさかんに行なわれている。

この地方では葬式の翌日、近親者が亡き人の遺髪を木箱や壺《つぼ》に入れて首にかけ、「餓鬼《がき》の弁当」という藁苞《わらづと》に入れた握り飯を下げて、三里、五里の山道を高野の山へとのぼる。旧高野街道の谷々でこの弁当を餓鬼に手向《たむ》け、ここは押上岩《おしあげいわ》、ここは鏡石《かがみいし》、などと遺髪に生ける人のごとく名所を告げながら、奥之院にこれを納め、水向地蔵《みずむけ》でトーバ供養をして、すぐ帰路につく。どんなに遠くとも泊らずに往復するという。家族は孫を先頭に途中まで坂迎《さかむか》えに出ていて、すぐその足で寺へ参り、暗くなっても仕上げ法事をしてしまう。「骨《こつ》のぼり」またはは「骨《こつ》のぼせ」というかなしくもゆかしい習慣である。

このような納骨納髪は、本来は四十九日忌をすませてから、高野のぼりをしたものと私は考えている。これが葬式の翌日というように性急になったのは、すこしでも早く「仕上げ」をすませないと、遠くから来た親族が帰宅できなかったからであった。私は「仕上げ」というのは、「細工は流々、仕上げを御覧《ごろう》じろ」の仕上げ（完成）ではなくて「ひあげ」の訛《なま》りだとおもう。「ひ」は死穢のことだから「忌上《ひ》げ」と書いてもよいかもしれない。これをすまさないと、昔は普通の生活に戻れなかったし、第一接触する人がいやがったものであろう。葬式の「ひ」を「火」だという解釈が、柳田國男翁をはじめ多くの民俗学者にとられているけれども、「ひのけがれ」という言葉は「ひ」という穢れのことなのである。

もちろん火も穢れるから、喪家の火で焚《た》いてつくった物を食べれば、穢れて災いをうけると信じられた。したがって、この「ひ」を早く上げるために、仕上げ法事を葬式の翌日にくりあげて、高野のぼりの納骨納髪をはやく済ませたものと私は考える。というのは、遺骨遺髪が家にあるあいだは清まらぬわけである。本来ならば七日七日の法事で、遺骨遺髪の主の生前の罪穢《つみけがれ》を滅罪・鎮魂し、第一次の浄化のすんだのちに、「詣墓《まいりばか》」である霊場に霊魂をうつすのが、正しかったのである。いうまでもなく遺骨遺髪は、霊魂の依代《よりしろ》にほかならない。

私は奥高野の花園村梁瀬《やなせ》で、終戦後間もなく、この高野への「骨のぼせ」から帰った仕上げ法事を見たことがある。ここから高野へは往復六里（約二十四キロ）の坂道なので、二人の使いが遍照寺に着いたのは夕方であった。そこには親族の者が大勢待っていて、「来た、

墓石前の杓子トーバ（和歌山県花園村）

来た」といってそれを出迎え、すぐぞろぞろと本堂の横の墓地へ行った。それを見て私と話していた井上龍雄住職は、衣をつけて墓地の前で読経をした。このとき、この土地独特の「杓子トーバ」が墓に立てられた。私ははじめて杓子トーバなるものを見たが、井上住職が以前住んだ和歌山県海草郡の長谷毛原《はせげばら》（現美里町）から野上町のあたりでも見たという話をきいた。そのあたりでは埋葬の穴に杓子トーバをまず入れて、その上に棺をおろすということだったが、これは花園村とおおいにちがう。しかし、私はここで「仕上げ」に立てられる杓子トーバから、トーバの変遷と板碑《いたび》の成立する謎《なぞ》をとくことができたのである。

それはともかく記録によると、はじめ高野には写経の埋納、すなわち埋経《まいきょう》または納経が行なわれていたが、万寿《まんじゅ》三年（一〇二六）、上東門院《じょうとうもんいん》の遺髪が高野山におさめられ、天仁元年（一一〇八）には堀河上皇の遺髪もおさめられた。このころから一般の高野納骨はさかんになったらしい。この場合はもちろん火葬骨を納骨することもあったのであるが、日本全国すべて火葬になったわけではないから、遺髪をおさめるだけの納骨か、故人のためにトーバを立てたり納経したりして先祖供養をするだけの納骨――トーバ供養または位牌供養のほうが多かったにちがいない。

ところで、このような習俗の原形は、実は仏教以前のもので、わが民族固有の信仰であったことは、すでに石塔とトーバについて述べたところで、ほぼあきらかであると思うが、ここではこの葬制と墓制の関係について、少し詳しくのべておきたい。

一九

最近の日本民俗学の進歩の結果、日本の約半分、すなわち近畿、中部、関東地方の大部分と、東北、北陸、中国、四国の一部分では、両墓制《りょうぼせい》と名づけられる墓制と供養が行なわれていることがあきらかになった。

ここで両墓制というのは、死体を埋葬する第一次墓地と、霊魂の供養をする第二次墓地とを別々につくる慣行で、すでにたびたび述べたように、前者を埋墓《うめばか》、身墓《みばか》、山墓、野辺、三《さん》昧墓所《まいむしょ》（供養墓を指す地方もある）などといい、後者を詣墓《まいりばか》、清墓《きよめばか》、精進墓《しょうじんばか》、引墓《ひきばか》、空墓《からむ》所《しょ》、卵塔場《らんとうば》などといろいろによんでいる。

私はもと日本人の墓はすべて両墓制であったと思うのである。民俗学者のなかには単墓制が本来の墓制で、のちに両墓制になったという説をとる人もいる。しかし、私は柳田國男翁のたてた両墓制の仮説は、おそらく不滅のものであろうとおもう。いやそれどころか日本人は三ヵ所も四ヵ所も墓をつくる「複墓制」の民族なのであり、その根源は日本人の霊魂観念にあるものと、私は考えている。

民俗学者のなかでこの両墓制に疑問をもつ理由は、日本の他の半分、すなわち福島県の一部をのぞく東北六県、島根、広島から西の中国地方半分、四国の愛媛、高知の二県と九州全土には、まだこの慣行が報告されないため、両墓制を一時代前の日本全体の墓制とするのを躊躇《ちゅうちょ》する。しかし、私は両墓制の見出されない地方でも、高野山や善光寺、あるいはそれぞれの地方的霊場である月山《がっさん》や山寺立石寺《りっしゃくじ》や恐山《おそれざん》、四国の弥谷《いやたに》寺、九州の釈迦院や羅漢寺などへ納骨供養する慣行がある以上、両墓制は全国的であったと断定するのである。というのは、霊場こそもっとも発生的な第二次の詣墓《まいりばか》にほかならないからである。

国元に立派な墓があるのに高野山の霊域にもう一つの墓をつくるのは、あきらかに第二次墓地としての詣墓をつくるものである。また、高野に墓はつくらないでも、お骨を奥之院納骨堂におさめるのは、共同の詣墓を高野にもつことである。また墓もつくらず納骨もしないものでも、宿坊に霊位の供養を依頼し、祠堂金《しどうきん》を托し、奥之院水向地蔵《みずむけじぞう》に経木《きょうぎ》トーバを手向けて精霊の頓証菩提を祈ることは、奥之院玉川河畔《たまがわかはん》を一時的な第二次墓地として詣墓化することを意味する。詣墓は常設的設備は問題でなく、祖霊祭祀の場所（聖地）が問題なのである。

しかし、このような祖霊祭祀の場所はけっして高野山とはかぎらなかった。現在では全国的な納骨信仰のある霊場は紀州の高野山、信濃の善光寺、京都の大谷本廟《ほんびょう》などが代表的であるが、大谷本廟へ真宗門徒の納骨が行なわれるようになったのは江戸中期以後で、それまでは門徒も高野山へ納骨した。しかし、地方的な納骨霊場としては東京浅草寺《せんそうじ》、下総成田山、大阪四天王寺（骨仏で有名な一心寺をふくむ）、大和矢田寺などが、今日でも有名である。また、祖霊祭祀としてのトーバ供養、ホトケ立てなどを行なう霊場や寺は全国に数限りなくあって、死者の四十九日か新盆、または、一周忌までには遺族はかならず近くの霊場に参詣しなければならない。紀州の粉河寺《こかわでら》や熊野妙法山、京都の千本閻魔堂《えんまどう》や六道珍皇寺《ちんこうじ》、山崎の宝積寺《ほうしゃくじ》、播磨の浄土寺、河内の滝谷不動、大和の当麻寺や長谷寺、鳥取の摩尼山、島根の鰐淵寺、常陸の月山寺（羽黒）、常福寺（瓜連《うりつら》）、同じく入四間《いりしけんお》御岩《いわ》神社（これは神社でホトケ立てをする）、羽前の山寺立石寺や出羽三山など、調べればいくらでもあるであろう。

しかもなお一歩進めれば、日本国中の寺という寺は、すべてこのような祖霊祭祀の第二次墓地の役目をはたしている。寺に寺墓、卵塔場、寄墓《よせばか》などの供養墓のある寺は、いうまでもなくこの種のものであるが、それのない寺でも位牌堂や納骨堂を持っているのは、祖霊祭祀の第二次墓地の性格をあらわしている。また、どこの寺にも寺号の上に山号を持っているのは、高野山と同じく祖霊祭祀の霊場であったことを暗示するもので、かならずしも中国禅林のまねをしたわけではないと思う。ただその信仰範囲が檀中《だんちゅう》だけに限られる小規模な霊場であるにすぎない。今でもお盆に寺で、施餓鬼《せがき》という祖霊祭祀を行なうのはその名残りである。結局このような村々の小高野山の納骨やトーバ供養が、中高野山である地方的霊場に集中され、やがて大高野山である紀州高野山や信濃善光寺に統一されたのである。

ここに高野山が日本国総菩提寺といわれる意味があるわけで、それは祖霊祭祀の聖地あるいは国民的詣墓として、日本仏教史上重要な宗教的意味をもっている。

二〇

それではわが国において、何故に祖霊祭祀または精霊供養のための第二次墓地が必要だったのだろうか。

世界いずれの民族でも、死者とその霊魂（精霊《スピリット》）にたいする宗教感情と儀礼はとくに重いもので、祖霊崇拝《ネクロラトリー》（死者崇拝および精霊崇拝《スピリティズム》）は宗教学上重要な課題となっている。ただ日本民族の祖霊崇拝の大きな特色は、死者をきわめて穢れたものと考え、死体から分離した霊魂も穢れており、邪悪で恐ろしいものと信じたことである。しかし、この霊魂はやがて子孫の種々な宗教儀礼、すなわち滅罪儀礼、鎮魂儀礼、贖罪《しょくざい》儀礼、浄化儀礼などによって、だんだんきよめられ、高められ、やがては神となって子孫を守護し、恩寵《おんちょう》さえももたらすと信じられた。これを私は霊魂昇華説（Sublimation of the Souls）と名づけている。

わが古代人にとって死の穢れにふれること（触穢《しょくえ》）はもっとも忌むべきことであった。伊《い》弉諾尊《ざなぎのみこと》はその妻、伊弉冉尊《いざなみのみこと》の死後、これを黄泉国《よもつくに》に訪ねてその穢れに触れ、非常に恐ろしい目にあったが、この穢れをはらうために日向《ひゅうが》の橘《たちばな》の小門《おど》の檍原《あわきはら》で禊《みそぎ》をした、という話が『古事記』や『日本書紀』に見える。これはわが古代人の死穢《しえ》の恐ろしさと、それをはらう禊の信仰を物語ったもので、これが墓や葬式などの鎮魂浄化儀礼につよくのこっている。

この禊は霊魂そのものの穢れをはらいきよめて、神にするためにもさかんに行なわれたので、霊魂（祖霊）のための儀礼は多く水にゆかりのある場所がえらばれた。新亡の精霊のために水辺で「百日さらし」「四十九日さらし」「洗いさらし」「水かけ着物」「二日洗い」「三日洗い」「三日干し」など死者の着物に水をかける不思議な習俗も、実は、この禊にほかならないのである。

高野山奥之院の流れ灌頂（和歌山県高野町）

いまは産婦死亡や水死者のためにだけしか行なわれない「流れ灌頂《かんじょう》」も、ずいぶんいろいろの形式があり、もとはすべてのホトケのために行なったらしい。いずれも池、川、海などの水辺にしつらえられた棚《たな》、または六道トーバに通行人が水をかけてきよめてやるのである。これが水死者や産婦死亡にだけのこったのは、非業《ひごう》の死者は罪が重いとし、産で死ぬものは業《ごう》がふかいといわれたからである。

産で死んだら血の池地獄
あげておくれよ水施餓鬼《せがき》

などの盆唄《ぼんうた》があり、千人の通行者に水をかけてもらわないとうかばれないなどという。新盆の新尊霊《あらそんりょう》のためには水棚が多く水辺にもうけられ、頻繁《ひんぱん》に水向けが行なわれる。墓参にかならず手桶《ておけ》をもち、トーバや石塔に水をかける一般的な習俗も、死者のための禊であると私は解釈している。これは仏のための閼伽《あか》ではなく、まして死者にのませる水でもないのである。

以上はまことに簡単な説明であるが、一時的な詣墓であるところの高野山奥之院の水向地蔵が、水清き玉川のほとりにあるわけがあきらかになると思う。玉川という名にしても霊魂《たま》にゆかりのある川である。また、高野の町のなかを流れる「おど川」ももとは禊をする川であったと思う。いまは「穢除川《おじょ》」などと書くが、伊弉諾尊《いざなぎのみこと》の禊をした「日向の橘の小門《おど》の檍《あわき》原《はら》」も「おど川」であった。高野山でこの川に川屋《かわや》（厠）をしつらえたのは、いったい何時のことだったのだろうか。高野山全山が、もとはどこでも霊魂の禊のできる清浄《しょうじょう》なる奥之院だったにちがいない。高野はどの谷からでも五輪塔が出ることや、中世の記録には高野全山を、慈尊院政所《じそんいんまんどころ》にたいして奥之院とよんだことなどから、この推定は信じられてよい。

要するに死者の穢れという霊魂執念から、死体埋葬または荼毘《だび》を行なった第一次墓地も穢れていると考えられ、この霊魂をきよめるために清浄なる聖地に第二次墓地をもとめ、霊魂の禊を行なったことが両墓制の起源といってよいであろう。とすれば、この第二次墓地で納骨、納経、トーバ供養、位牌供養、施餓鬼などの霊魂供養儀礼が行なわれるのは自然であり、その祭場が霊場として清浄に保存されるのは当然であろう。

二

さて、高野納骨の起源については、弘法大師が記しおかれたという『大師御記文《だいしごきぶん》』というものがある。

わが山に送り置かるゝところの舎利《しゃり》、われ毎日三密加持力《みっかじりき》をもつて、先づ安養の宝刹《あんにょうほうせつ》（極楽浄土）に送る。当来（五十六億七千万年の後）わが山、慈尊《じそん》（弥勒菩薩）説法の聴衆菩薩《せっぽうちょうじゅぼさつ》たるべし。云々

と書かれている。この文は『塵添壒嚢抄《じんてんあいのうしょう》』に見えるだけなので、室町時代初期よりさかのぼれないが、高野全山を極楽浄土と考え、曼荼羅会上《まんだらえじょう》の諸仏の世界と見ていたのはもっと古いことである。この高野浄土の思想は祖霊祭地としての聖地観念を仏教化したにほかならないものである。わが民族の聖地観念は海の彼方（常世《とこよ》）と山の彼方（霊山、霊場）と天上（高《たか》

天原《まがはら》）と地下（黄泉国《よみのくに》）と四つの方向があり、宗教学的には「他界」といわれて、霊魂や神霊の集合地を意味する。このうち中世にはもっぱら霊山、霊場が聖地としての信仰をあつめ、熊野、大峯《おおみね》、吉野、高野、白山、立山、羽黒、戸隠《とがくし》、石鎚《いしづち》、彦山《ひこさん》などの修行（禅定《ぜんじょう》）が盛んとなり、山中の浄土や山中の地獄の説話が数多くうまれ、また三十三ヵ所、八十八ヵ所などの霊場巡拝が今では想像もつかないほど流行をきわめたのである。

このような時代に高野浄土の信仰がうまれ、これを宣伝する高野聖は全国津々浦々に回国行脚《あんぎゃ》して納骨をすすめ、大師の霊験を説いた。したがって、平安時代末期より高野納骨は急激に増加し、『平家物語』にも多数の高野納骨が物語られている。

すなわち俊寛僧都、平重盛、平重衡《しげひら》、平経正《つねまさ》、八条宮、横笛《よこぶえ》などの遺骨が納められ、崇徳《すとく》天皇も高野納骨を遺言したという。これら時の敗者、亡命者の納骨が盛んであったということは、高野がアジール（宗教的治外法権を有する聖地）であったため、その従者たちの隠遁《いんとん》地《ち》として利用されたことにもよることであろう。

ところでアジールであるためには、そこが聖地として禁断された場所でなければならない。一切の不浄を入らしめない厳重な掟があって、はじめて不浄役人である捕吏の入山をこばむことができたのである。高野山の場合は女人禁制が、聖地として保存されるための厳重な掟の一つであった。それは大峯においてもそうであるように、いつ月の不浄を見るかもしれない女人を聖地に登らしめることは、中世人にとってきわめて危険なことであった。女人禁制の問題には、女は僧侶の修行の邪魔になるという常識論では割り切れぬ、前時代的な宗教観念が執拗《しつよう》にこびりついている。この問題からも祖霊祭地としての霊場が、いかに清浄を要求されたかを知ることができよう。

いまや時代の波とともに高野には繁華な門前町が発達し、浄域は伽藍と奥之院に局限されることとなった。しかし、今日もなお昔にかわらず奥之院玉川の畔《ほとり》には、大師の御廟を老杉のあいだに伏拝んで、水向地蔵の前にトーバ供養をする、善男善女の群が見られる。根強い民族宗教と庶民信仰の姿である。その横の無明の橋のたもとには、何代目かの明遍《みょうへん》杉《すぎ》がほそぼそと立っている。これは伝説によれば、高野聖の元祖といわれる明遍僧都が、ある夜半、奥之院に詣でたとき、無明（御廟《みみょう》）の橋の向う側には諸仏が充満して入れなかったので橋のたもとに杖《つえ》を立ててかえった、その杖が根付いたものという。

角柱トーバ（三重県島ヶ原村）

杉の杖をもつというのもおかしい話であるが、杖なら逆さに立てるはずであった。いうまでもなくこの杉は、先にのべたように、祖霊祭祀のために祖霊の依代《よりしろ》として立てる杉の生木《なまき》の梢付《うれつき》トーバであった。トーバ供養はもとこのように生木の枝を手向けたものであろう。水はもちろん玉川の清冽《せいれつ》をくみあげてトーバにかけたに相違ない。生木の枝は角柱トーバにかわり、板トーバから経木《きょうぎ》トーバになって地上に立てることもできなくなった。そのかわり数体の水向地蔵が建立されてこれを受けている。それでも私はかつての供養者が玉川の川原に下りて、槙や杉の青枝を立てておがむすがすがしい光景を、まぶたにえがかずにはおられない。

明遍僧都が夜半に参詣されたということも、古い形の祖霊祭祀（お盆、霜月大師講《しもつきだいしこう》、節分、新嘗祭《にいなめさい》、氏神祭、庚申講《こうしんこう》など）が、夜をこめて通夜参籠《さんろう》のうちに行なわれたことを暗示する。諸仏充満と見た聖者の宗教的幻想は尊いが、これも無明（御廟）の橋の内側は高野にあつまった霊魂の世界で、常人の入ることを禁断せられたことを意味する。したがって、無明の橋は穢れ多き現世と清浄な浄土を境する禁断の橋であった。

二二

以上のべたような高野山納骨の起源が、山中の霊場における霊魂の浄化と詣墓《まいりばか》にあったという私の結論は、宗教史の立場からの説明であって、現今の高野山の信仰とはおのずから別問題である。

現在の信仰では、大師の御廟に近い霊域に亡きひとの霊骨をおさめて、永遠に大師に親近《しんごん》せしめようとの意味がつよい。これは真言宗教団の拡大強化とともに、大師中心、祖廟中心の信仰体系が確立された以上当然のことである。しかし、高野山納骨の歴史事実は、それだけでは説明しつくされない民族宗教の奥ふかい源流をもっている。したがって、これを日本民族の固有信仰の面から、民俗学的なほりさげをしてみたわけである。この新しいこころみから、高野山が日本民族の詣墓、清墓《きよめばか》、精進墓であることがあきらかになった。そしてこれが高野山を「日本総菩提所」とする意味だったのである。

このような立場から私は、弘法大師の高野開創も、山中他界が霊魂祭祀の民族的聖地であることに着目した結果だろうと思っている。

最近の山岳宗教の研究によって、山岳霊場に死者供養や墓のあった痕跡がだんだんわかってきた。近畿地方では、葛城《かつらぎ》、吉野、熊野、大峯、室生《むろう》、長谷《はせ》（初瀬）、槙尾《まきのお》、生駒《いこま》、笠置《かさぎ》、比叡、愛宕《あたご》、鞍馬《くらま》などの霊山霊場がそれである。このような場所は三輪宗、法相《ほっそう》宗、華厳《けごん》宗、天台宗などの修行僧および、山岳修行者（山伏）や浄行者によって占められていた。そのようななかで弘法大師にのこされた霊場は高野山であった。しかし、高野山をのぞいて他の霊山霊場は、菩提所としての信仰を失ってしまった。

伝説によれば承和九年（八四二）九月二十五日、嵯峨上皇死去のさい、金棺は遠く飛んで高野山奥之院の棺掛桜《かんかけざくら》にとどまったという。これなども死者の霊魂が高野山に飛んでくるという他界信仰の上に立ち、高貴の尊霊すら高野に来る、いわんや凡俗の霊魂をや、と信じて、高野山納骨と登門が行なわれたのであろう。

まず、昌泰三年（九〇〇）には宇多法皇が益信僧正《やくしんそうじょう》とともに登山した。これはすでに元慶七年（八八三）七月、東寺第二世長者真然僧正が陽成《ようぜい》天皇の勅問にこたえて、

金剛峯寺は前仏の浄土、後仏の法場にして諸天日々に擁護し、星宿《せいしゅく》夜々に守護したまう。薄命の衆生は名を聞かず、重障の凡夫は住することを許されず。……一たびここに歩みをはこぶものは無始の罪を滅し、仮に縁を結ぶものは龍華《りゅうげ》の果（兜率天《とそってん》往生のこと）を得。

という高野浄土説を述べたのによるものといわれる。しかし「前仏の浄土、後仏の法場」というのは、この山には過去・現在・未来のホトケ、すなわち死者の霊魂があつまってくるという他界観念を述べたものと、私は解釈する。

くだって治安三年（一〇二三）には、当時の日本の事実上の主権者である関白藤原道長の登嶺があった。これも道長が小野僧正仁海《にんがい》に、高野浄土の因縁を問尋したので、仁海僧正がねんごろに説明したためであったという。

このような歴史によって見ると、高野山を山中他界とする信仰は、弘法大師のころからあって、麓《ふもと》の住民たちが、死者供養や先祖供養のために登るところであったろう。そのもとになったのは高野山の山麓にいとなまれた三昧（埋墓《うめばか》、風葬墓）であったと思われ、弘法大師三三昧の伝承のある「花坂の三昧」などは、数里の遠方からも死者を「持越《もちこ》」して葬ったと

いう。

このように山麓に墓地のある山は多く霊場化するのであって、その死者の肉体は朽ちても霊魂は山の頂上に昇っていって、そこに鎮まるという信仰がある。したがって、山麓は埋墓（または風葬墓）、山上は詣墓《まいりばか》という図式ができる。京都の東山《ひがしやま》と鳥辺野《とりべの》との関係もこれで、鳥辺野は埋葬、火葬、風葬の行なわれるところ、東山の霊山《りょうぜん》はその霊魂の供養の行なわれる詣墓であった。修験道の山では谷が葬場、山上が供養所だったために、地獄谷と浄土山（御山＝雄山や弥陀ケ原）ができたのである。

このような一般論からいって、高野山は紀ノ川筋や有田川筋の山民や農民の詣墓的霊場信仰がすでにあって、そこに金剛峯寺が開創されたものといえる。そしてその残存現象として、紀ノ川筋と有田川筋、および鞆淵《ともぶち》川（志賀野川）や貴志川筋の村々から「骨のぼせ」がいまでも行なわれていると見ることができよう。しかも、高野山はこれらの川の水源となっていることも、山岳信仰の上から重要なところである。というのは、山上に鎮まる祖霊のうちの始祖霊にあたるものは「山の神」としての神格を持つと信じられ、「山の神」は水源から下る水をつたわって里に下り、農民の耕作をまもるもの、という「山の神、田の神同体説」があるからである。

しかし、以上のような基層文化的な民俗が歴史にあらわれた場合は、貴族などの高野山登拝や納骨として記録される。したがって、平安時代末期には貴族の納骨がさかんに記録されることになったのである。この納骨ということは、遺髪納めにしても火葬骨納めにしても、霊場における第二次墓地の営造という意味をもって、山中浄土信仰につながるものである。ただ固有の民俗信仰では死者の霊魂のあつまる他界であったものが、平安時代には弥勒菩薩《みろくぼさつ》の浄土とされ、平安末期になると阿弥陀如来《あみだにょらい》の極楽浄土と信じられたにすぎない。このように古代から中世にかけて一貫した山中浄土信仰が根底にあったればこそ、高野山に納骨、先祖供養および墓の営造がさかんに行なわれ、現在見るような奥之院霊域の盛観を呈するにいたったのである。

二三

さて、大師の入定《にゅうじょう》については別の機会に述べたいと思うが、大師が高野の山の岩陰に入定留身《るしん》された目的は、弥勒の浄土に入るためであった。このことは大師のいろいろの言葉からうたがう余地はない。

弘法大師の入定ということも、こうした山中浄土信仰から解かなければならないが、この入定は弥勒浄土信仰から説かれたものといわれている。すなわち、高野山ははじめ弥勒の浄土と信じられたというのである。弥勒信仰については弘法大師の入定にさきだつこと八十年ほどのむかし、天平勝宝三年（七五一）に東大寺の実忠和尚《じっちゅうかしょう》が、笠置《かさぎ》の山中で弥勒の浄土に入り、そこの行法《ぎょうぼう》をこの世にうつしたのが、東大寺のお水取り（二月堂修二会《しゅにえ》）であるという。そのほか奈良時代から平安時代初期にかけて弥勒の浄土にうまれんことを願った高僧や、写経の願文《がんもん》は数かぎりなくあった。現在のこっている飛鳥、白鳳、天平時代の如意輪観音といわれる仏像は、ほとんどすべて弥勒思惟像《しゆいのぞう》と考えるのが正しいから、この信仰の流行のほどもおして知られる。

ところが、ミロク（またはこれと類似の名称でよばれた）の浄土が日本の古代宗教では、東方海中の祖霊のあつまる仮想の浄土であったらしいことは、南西諸島のニライカナイ伝説や鹿島踊り（一名ミロク踊り）の文言《もんごん》などからも想像される。『万葉集』の歌で有名な長崎県五島列島の三井楽《みいらく》（美々良久《みみらく》の浜）もミロクの転訛《てんか》であろうとの説がある。鎌倉時代の弥勒信仰の復活、室町時代の私年号「弥勒」（身禄）の出現など、ときどきわが国に突発的にあらわれるミロク信仰は、この民族信仰の他界観念に関係があるというのが、柳田國男翁の説であった。したがって、弘法大師の弥勒信仰も『観弥勒菩薩下生経《げしょう》』や『観弥勒菩薩上生兜率天《じょうしょうとそってん》経』による弥勒菩薩ではなく、他界としてのミロク信仰ではなかったかと思われるのである。

奈良時代以後はミロクの浄土は山中浄土が多く、笠置、高野、室生のみならず、大峯の山中でも修行者が道に迷ってミロクの浄土に入り、高僧に会った話が中世説話集にみえる。

しかし、日本人の浄土が一種の他界観念である以上、一般人にとってはそれがミロクの浄土でも弥陀の浄土でも、時のよろしきにしたがえばよかった。それは現世とは異次元の世界で、苦悩のない楽土でありさえすれば、民衆のあこがれとロマンチシズムは満足されたのである。そのような世界として山があり、そこに入るのは、禅定《ぜんじょう》や入定であったわけで、修験道の聖地、大峯も金胎両部曼荼羅会上《こんたいりょうぶまんだらえじょう》の説と弥陀の浄土の両説ができた。大峯登山には、四国石鎚《いしづち》登山が、「ナムマイダンボ」のかけ声で登るのと同じく、「ナムマイダンボ」のかけ声で登るのである。また大峯山上の西の覗《のぞ》き（行場）は弥陀の浄土に入る門と考えられ、

ありがたや西の覗《のぞき》にざんげして
　弥陀の浄土に入るぞうれしき

の唱え歌があるのは、山中他界を弥陀の浄土と信じた証拠であろう。

このようにして高野山も中世には西方極楽往生を願う遁世《とんせい》念仏者の集合する山中浄土となり、この念仏者のなかから、資縁《しえん》をもとめて回国する高野聖《こうやひじり》がうまれ、高野納骨を勧進《かんじん》した結果、高野山の山中他界信仰は全国に拡大された。そのために他の霊山霊場の詣墓的機能もうばう結果となり、「日本総菩提所」ができあがったのである。

私は近ごろ、岡山県のある有名な山寺で弘法大師像のお札の版木を見たが、その構図は通例の弘法大師像の上に「山越《やまごえ》の弥陀」を描き、その白毫《びゃくごう》の光が大師をてらしているという、真言宗の教理からすればすこぶる奇異の感あるものであった。これは一般に善通寺式大師像

といわれるが、なにゆえに善通寺に弘法大師と弥陀来迎《らいごう》を結合する信仰ができたかはあきらかでない。ことによると、善通寺の大師信仰と納骨霊場弥谷《いやたに》寺の浄土信仰との結合かもしれない。あるいは、高野聖の高野浄土と大師信仰の結合した版木が、とくに善通寺から印行されたためにこのような名称がうまれたのかもしれないのである。しかしともあれ、これは大師信仰と浄土信仰との密接な関係をしめす貴重な史料であり、山中浄土としての高野を日本国中くまなく宣伝した高野聖にふさわしい着想であろう。おそらくこのような絵画と版木はまだまだ多くあったであろうが、近世になって真言密教と浄土思想の分離が行なわれるとともに、破棄されたものが多いのではなかろうか。

「山越阿弥陀図」禅林寺蔵

　元来、「山越の弥陀」という鎌倉時代に多く製作された浄土教芸術の図柄は、山中浄土思想に関連《かんれん》あるものと私は考えている。いままでこの絵のモチーフは、恵《え》心僧都《しんそうず》が二上山《にじょうさん》に入る落日の光輝からヒントをえたものであろうといわれてきた。ところが、この落日説にとって具合のわるいことには、脇侍《わきじ》の観音・勢至《せいし》二菩薩が雲にのって観るものの方へすすんでくる来迎のポーズをとっていることである。中世人はまたこの阿弥陀如来の来迎の印をむすんだ御手に穴をあけて五色の糸をかけ、これをにぎって弥陀三尊の来迎引摂《いんじょう》を信じつつ、臨終瞑目《りんじゅうめいもく》したのであった。だからこれはけっして西にしずむ落日ではなくて、山の彼方の浄土から、こちらへむかえに来る仏でなければならない。これこそ山の彼方に浄土ありとする信仰がなければ、とうてい思いうかばない着想であった。

二四

鎌倉時代初期につくられたと思われる『高野山往生伝』は、平安時代末期に高野にあつまった三十八人の念仏往生者の伝記をあつめたもので、高野山納骨や墓のなりたちをうかがうには興味のある史料である。この三十八人の中には散位《さんみ》清原正国《きよはらのまさくに》のように、極悪無道の武士でありながら六十一歳で発心《ほっしん》出家し、念仏三昧の二十七年を送ったのち、ただ往生の地を高野山にもとめて登ったもののもあった。彼が高野に登った動機は、夢に入唐上人日延《にちえん》があらわれて、

なんじ、往生せんと欲せば高野山に住すべし

とのお告げをこうむったのによるという。彼は寛治七年（一〇九三）九月二十三日に登山し、同じく十月十一日寅《とら》の剋《こく》に行年八十七で往生の素懐をとげたというから、いわば、死ぬために高野に登ったということになる。このころになると、死後に霊魂のあつまる山であった霊場が、生前からこの山に遁世して、わが亡きのちの霊魂を確実にここにとどめようという手回しのよい往生者すらあらわれるにいたったのである。

しかし、高野山往生者は清原正国のような俗人で往生のために遁世登山した道心者《どうしんもの》ばかりではなかった。検校阿闍梨《けんぎょうあじゃり》良禅のように学徳兼備の高僧にして高野山で極楽往生することを願うものもあった。彼の往生は念仏一行ではなく、まず不動尊に往生の加護をいのり、つぎに東方に向かって大師の御影堂《みえいどう》を拝し、最後に西方に向かって安養界《あんにょうかい》（極楽浄土）を拝して往生したという。時に保延五年（一一三九）二月二十一日で、いかにも中世の真言僧らしい往生であった。これによって見れば、この時代の高野浄土の信仰は、下は一道心より上は検校阿闍梨にいたるまで、全山をおおっていたものであることがわかる。

しかし、後々まで高野に浄土信仰をもちつづけた宗教者はなんといっても道心者、遁世者をもふくめた高野聖の一派であって、この庶民宗教家がなかったならば、納骨と墓と供養の霊場高野山は、今日の大をなすことができなかったかもしれない。かれらは諸国回国のあいだに大師の御一代記や刈萱《かるかや》道心石童丸のような宗教文学をつくって通俗説教を行ない、大師の霊験と高野の霊場をひろく紹介した。しかし、高野聖がいかに納骨と参詣供養を勧化《かんげ》しても、山中に死者の霊魂のあつまる浄土（他界）があると信じ、そこにわが親、わが子の霊を送って供養し、あるいは、詣墓をつくって死後の安楽をねがう民俗信仰がなかったならば、高野山納骨や位牌供養が今日のように行なわれることはなかったろう。

以上は、高野山が両墓制の詣墓にあたることを例にとりながら、日本民族の墓のあり方について述べたものである。原始古代から現代まで、人の死とともに墓があり、その墓は人間の生活や宗教的理念の変化とともに変化してきた。しかし、ある民族には一貫した霊魂観や罪業観があって、それに対応する墓の特色がある。日本民族においてはそれが墓を二つ以上つくることにあらわれたが、古代以来外来の墓制が支配者のあいだに入り、その墓制による巨大墳墓だけが残った。それで日本の墓といえば古墳とよばれる巨大墳墓だけが問題にされてきたのである。

そのうえ仏教が入るとともに、また墓の形態も変わった。しかし、仏教は民族固有の宗教観念までは変えなかったので、庶民の信仰や民俗はそのまま仏教の衣をきた形で今まで持続された。これも僧侶側からはすべてインドの仏教で解釈され、説明されてきたが、日本民俗学の発展とともにもとの形やもとの意味がわかってきた。ことに両墓制論が柳田翁によって出されたので、日本固有の墳墓形式に体系がたてられることになった。これに対して、私は高野山墓原に例をとった霊場崇拝論を出したが、これは柳田翁の説を一歩進めたものにすぎない。

墓の話にとって枝葉末節のように見えながら、きわめて大きな問題を提供するのはトーバの問題である。これはまったく仏教の所産であるように見えながら、実際には日本の祖霊祭祀のヒモロギ、依代《よりしろ》であったことは、文中の諸事例であきらかであると思う。日本人の墓（詣墓）は実にこの一本の常磐木《ときわぎ》から出発した、というのが私の「墓の話」の結論である。

付言

われわれは日常生活のなかで墓をわすれ、霊をわすれて生きているが、生と死をつねに表裏として生きる人間存在にとって、死は生の半分であり、死の実体化されたもの、霊の現実化されたものとして墓がある。それはつねに人間に存在意義を問いかけるスフィンクスのように、物言う石であるかもしれない。現代人はもうスフィンクスの声がきけなくなったように、墓の声を聞くことができないほど、精神の聴覚神経が文明という公害に腐蝕されてしまった。

これは墓が文明の問題としてとりあげられていないということにもよるであろう。墓が単に厄介《やっかい》な死者の捨て場としてしか、現代社会に機能していないのである。墓がこのような死者の捨て場、お骨の収納庫でなく、霊のやどる聖地の地位を回復しなければ、墓はますます近代人にとって無用のものになる。人間存在の影にあたる墓と霊を失った文明は、悪魔に影を売りわたした人間の悲劇をあじわうことになろう。

そうならないためには、古代、中世の人々の墓にまなぶ必要がある。すべて精神は文明とともに衰弱し、原始にさかのぼることによって生命を更新する。その原始の精神を素朴な庶民が伝承の形で、ほそぼそながら、現代まで継承しつづけたのが「民俗」である。したがって、墓の問題、霊の問題も「民俗」のなかに原始の精神をさがし出さなければならないのである。しかし、この「民俗」はあまりにも変化し、複合し、錯綜《さくそう》してしまった。これに啓示のような解決の鍵をしめしたのは、柳田國男翁の「葬制の沿革について」(『定本柳田國男集』十五、筑摩書房)の一文であったが、ここで立てられた両墓制論は、柳田翁はそれ以上の発展をしめさないで終わった。そのために翁の没後は百家争鳴のような諸説がおこってきたのである。

私のこの「墓の話」の旧稿はまことに稚拙なもので、人の目にさらすのははばかられるものであるが、このなかに両墓制論を一歩すすめた「霊場崇拝論」が出ているので、これを本書に採録することにした。これは「両墓制と霊場崇拝」(『民間伝承』十六ノ十二、一九五二年)を日本民俗学会で発表した直後ぐらいに書いて、そのあとで拙著『高野聖』のもとになった「高野聖由来記」を同じ雑誌『聖愛』に連載した。「霊場崇拝論」というのもおかしな名称なので、「霊場詣墓論」とでもいうか、「霊場両墓制論」とでもしなければ私の仮説にふさわしくないが、これを体系的な論文にしなければならないことは、私も十分に承知している。しかし、これを論ずるには葬制一般にも入ることになるので、今はとりあえず旧稿で間に合わせることにした。そしてその意図は、私の「霊場詣墓論」は、三十年たった現在でも誤っていないと自負するからである。

掲載誌初出一覧

日本人の死生観　『創造の世界』第九号、一九七三年、小学館。
日本人と死後の世界　『恐山展』図録、一九七二年、京都新聞社。
みちのくの神秘・恐山―その歴史と円空仏　（同）
口寄せ巫女　（同）
怨霊と鎮魂　『現代人の宗教・命と鎮魂』、一九七五年、河出書房新社。
死と信仰―補陀落渡海の謎　『中外日報』一九八四年三月二八・三〇日、四月二日号、中外日報社。
古来の葬送儀礼から見た現代の葬儀と葬具　『中外日報』一九八一年六月五・八・一〇日号、中外日報社。
仏壇　「監修の詞」『仏壇の本』一九七九年を改題、プレジデント社。
墓の話　『聖愛』六五―七〇号、昭和二七年五月―一〇月、高野山出版社。のち、加筆。

解説　歩いて鍛えた庶民宗教論

岡本亮輔

いま本書を手にするあなたは、ご自身の宗教を明確に説明できるだろうか。例えば「私は仏教徒であり、輪廻からの解脱が究極目標である」「自分は神道信者だからキリスト教会には足を踏み入れない」といった風にである。無宗教という方も多いだろう。それでは「霊魂など実在しないのだから、最愛の人が亡くなっても葬儀や供養は一切不要である」「初詣やお祭りは時間とエネルギーの無駄使いである」と明言されるだろうか。

多くの方は、宗教に対して右のような明確で断定的な態度をとらないはずだ。日頃から宗教を強く意識するわけではないが、冠婚葬祭などがあれば相応に振る舞うし、旅先では神社仏閣にお参りする……こうした特定の宗教に回収されない、なんとも不明確でゆるい広がりを持った日本の宗教に光をあてたのが五来重である。

五来は、文献史学に偏りがちな仏教学に民俗学の方法を接続させることで、実に魅力的な視野を切り拓いた。残された膨大な論考は唯一無二の存在感を放つ。五来を宗教民俗学の巨人と呼ぶのはいささかも誇張ではない。

その業績は先行研究として参照されるだけではなく、近年では、五来の仏教思想そのものが俎上に載せられる。浅学非才の筆者には荷が勝つが、五来の視座と方法を概観し、彼の学問が日本の現代宗教を考える際の道標になることを述べてみたい。

宗教史を歩き倒す

現在の茨城県日立市に生まれた五来は、幼少期から読書や勉学を好み、名門・水戸高等学校を経て、東京帝国大学文学部の印度哲学科に進学する。空《くう》をめぐる仏教哲学を専攻したが、やがて疑問を抱くようになる。

仏教学の主流は文献研究だ。はるか昔、日本から遠く離れたインドで生まれた仏教とは、いかなるものであったのか。サンスクリット語、パーリ語、ヒンディー語、漢語などで書かれた経典の研究によって釈迦の真の教えを解明する。さらに英仏独語の二次文献を読み込み、無数の言語を駆使しながら、仏教の始源つまり「本物の仏教」への到達を目指すのだ。

しかし、五来は、こうした研究方法に馴染めなかった。「みんな、理論の方だけに目が向いていて、生きた日本人を相手にしていないというか、庶民がまったく視野に入っていない」ことが不満だったのだ（読売新聞一九八九年七月十一日夕刊）。庶民には、釈迦が本当は何を説いたのかという文献学的・哲学的真実は重要ではない。それより、年中行事として営まれる祭礼や寺との関わりが大切なはずだ。庶民の生活と密着した仏教を論じるべきだというのである。

とはいえ、庶民は文献を残さない。彼らは日々を過ごすのに没頭し、宗教に知的関心を払わない。哲学的な思弁を書き残しもしない。どうすれば庶民の宗教に接近できるのか。

東大を卒業した五来は高野山大学の助手となるが、まもなく、史学を学ぶために京都帝国大学に入学する。自らが志す庶民宗教の研究には文化史学の視点が不可欠だと感じ、『王朝の庶民階級』などで知られる西田直二郎の門を叩いたのだ。そしてこの京都遊学の折、五来の学問を決定づける幸福な出会いが訪れる。一九三七年二月、講演のために柳田國男が京大を訪れたのだ。

五来は、柳田の情熱的かつ論理的な講義に感化され、瞬く間にその虜となった。各地の民俗を引き合いにして進む柳田の話には、自分の「故郷への郷愁がそのまま学問に直結するよろこび」を感じ、こうして「……日本仏教の庶民的受容の問題を馬鹿の一つ覚えのように追求」する五来の学問が開花した（『仏教と民俗』）。

その方法は単純にして明快だ。各地をひたすら歩き、話を聞く。できるだけ交通手段は使わず、歩きに歩くことで「人々の生活に息づいている宗教が、自然と見えてくる」（読売新聞前掲記事）。五来は、太古から「人間はつねに歩く存在」であり、「宗教の本質は歩くこと」だと言い切る（読売新聞一九八九年七月十二日夕刊）。終戦前後の混乱期も、食料持参で東北から山陰まで「物に憑《つ》かれたように歩いた」（『仏教と民俗』）。そして、敬愛する柳田と親密に語り合う中で、五来の庶民宗教論は鍛えられたのである。

鍬の宗教文化

五来のまなざしは物言わぬ庶民に注がれた。例えば庶民は石を拝む。牛馬が死ねば石塔を建てて供養し、巨石に宿る神仏に手を合わせる。こうした宗教文化は、難解な言語を体得して唯識や天台の真言に通じても理解できない。もちろん「キリスト教の神学でも、儒教の哲学でも石には歯が立たない」のである（『石の宗教』）。

それでは、五来が見出した庶民の宗教とはなにか。本書『日本人の死生観』は、一九七〇年代の論考を中心に編まれ、五来の死の直後に刊行されたもので、彼の庶民宗教論のエッセンスを知るのに最適の一冊である。

本書冒頭で、五来は「菊と刀と鍬《くわ》」という三項を示す。もちろん、日本人論の古典として知られるルース・ベネディクト『菊と刀』が念頭にある。菊は天皇や公家の貴族文化、刀は武家文化の象徴だ。従来、日本人の宗教が論じられる時、専らこの二者が注目され、彼らが仏教や神道を通じて作り出した華やかな宗教文化が取り上げられてきた。

しかし、五来によれば、奈良時代以前から続く死生観が「庶民の心の奥底」にあり、それは現在まで通底している。そもそも日本人の大部分は庶民だ。したがって、日本の宗教を語るには、鍬の宗教を看過してはならない。「土くさいけれども健康な庶民文化」、「郷土愛と隣人愛にみちたあたたかい庶民精神」が日本宗教の根底にあるのだ。

庶民は「農民や漁民や職人や商人として、その日その日の生活に追いまわされ、哲学や思想や芸術をもてあそぶほどの、優雅な余裕はもちあわせない」（『日本の庶民仏教』）。しかし、だからこそ庶民の宗教的欲求は切実で、彼らは飾らず、不要な嘘をつかず、正しい伝承を伝える。それを歩いて摑み取るのが、五来の宗教民俗学なのである。

五来にとって庶民とは、単に文字資料の不足が原因で、貴族や武士と比して学問的に忘却されてきた存在というわけではない。宗教学者の阿部友紀が論じるように、五来は、庶民こそが日本仏教の根源的主体性の形成者であると見なした（「五来重の「庶民信仰」論」）。

日本宗教の特徴の一つは諸宗教の混淆《シンクレティズム》とされる。原始的な自然崇拝や神道、外来の仏教、道教、儒教などが入り混じり、独特の宗教文化が形成されてきた。また仏教だけ見ても、真言宗・天台宗・曹洞宗・浄土宗・浄土真宗など独特の宗派があり、それぞれの宗祖が信仰される。およそインドで発祥した釈迦の仏教とは似ても似つかない。文献学的な仏教学から見れば、まぎれもなく「偽物の仏教」だ。

だが五来は、こうした日本化した仏教の信仰習俗の中にこそ、日本人の根源的な死生観が反映されていると考えた。その死生観の担い手はもちろん庶民だ。最澄・空海・日蓮・法然・親鸞といった宗祖たちも、庶民の宗教的欲求を掬《すく》い取《と》ることで各自の主張と組織を生み出した。そして、菊や刀という「表層」を成す宗教文化も、鍬の宗教という「基層」あってのものだという。庶民の死生観という豊かな土壌があるからこそ、それを養分にユニークな日本宗教史が展開したのである。

聖地発生のメカニズム

例えば本書では、基層となる庶民信仰の場に、寺や神社が建てられ、表層的な聖地として成立してゆく過程が論じられる。話題になっているのは、イタコの口寄せで知られる青森県の恐山である。

しかしこうした霊場の発生はその山麓の住民が、日夜仰ぎ見る秀麗な山を死霊・祖霊の住む山とし、他界信仰をおこすところからはじまる。ことに火山活動で噴気孔のある山は、地獄の幻想につながるので、他界化しやすい。それを旅僧が来て、地獄の霊の救済者としての地蔵菩薩や阿弥陀如来、あるいは観世音菩薩とか弥勒菩薩、弘法大師などの信仰を持ちこむと、そこに寺ができ、寺の宣伝活動で信仰圏がひろがり、遠方からも納骨や供養に人があつまる。そのような方式で恐山地蔵堂や山寺立石寺《りっしゃくじ》の他界信仰ができ、現在寺はなくなったが神社が納骨供養を受付ける羽黒山《はぐろさん》・月山《がっさん》・湯殿山《ゆどのさん》ができたのである。

聖地の始源にあるのは、その地域で日々の暮らしを送る庶民の素朴な死生観だ。やがて教学を学んだ宗教者が教義に見合ったラベルを貼付し、寺や神社といった建物が作られることで、その場所は宗教組織に取り込まれる。さらに宗教組織はメディアとしても機能し、聖地の情報が地域外に発信され、多くの人を集めるようになるのだ。

また、第Ⅲ章「怨霊と鎮魂」では靖国神社が論じられる。同社の戦没者祭祀については、憲法や政治の問題として取り上げられがちだが、五来は「庶民の持っている霊魂観念を基にした鎮魂の理念」という観点から議論を進める。

庶民にとって、あらゆる死者は一度怨霊になると観念される。したがって、必ず鎮魂によって「恩寵的な祖霊」に変えなくてはならない。その死が交通事故や自ら望まぬ戦争によるものであれば、なおさらだ。「そういう気の毒な死者のためには、やはりそれを怨霊と考え、それを鎮めなければならない」という感情がわきおこる。

しかし、政治問題もあって、靖国神社では「全体のために犠牲になったかけがえのない身内が犬死《いぬじに》同然の中間神霊」のままに置かれ、適切な鎮魂が施されていない。そこで五来は、庶民の宗教感覚にふさわしい靖国神社のあり方を提案する。それは、現在のような「官僚的国家神道の神社」ではなく、浅草寺や川崎大師のような普段着で奥まで入れる神社である。正月や盆には神楽や盆踊りも行うべきだ。こうした庶民信仰を吸い上げた神社を作ることで、初めて無名戦士の霊も鎮まるというのである。

本書には、他にも熊野信仰、修験道、円空仏、海の宗教、葬制・葬祭など、五来の宗教民俗学を理解する上で鍵となる論考が収められている。いずれも五来が足で稼いだ豊富な事例を含んでおり、是非とも味読して頂きたい。特にⅢ章末には、一般の質問者との「質疑応答」が収録され、五来の視座が明瞭簡潔に述べられる。口頭でのやり取りにもかかわらず極めて論理的で、即座に無数の事例を示すあたりに、五来の博覧強記と頭脳明晰が如実にあらわれている。

現代宗教論への展開

最後に、全くの蛇足であるが、現代宗教論を専攻する筆者の問題意識から、五来の宗教民俗学の射程について論じてみたい。筆者が注目するのは、堅苦しい信仰にとらわれない庶民像である。

例えば本書では、カント哲学と庶民が対比される。近代科学主義者のカントには、死後の世界の存在は証明できず、それが「存在しなければならない」としか論じられなかった。だが、「庶民のほうはカントのようなまわりくどいことを言わずに、直観的に死後の世界の存在を肌で感じ」、当然のこととして死者を追善供養し、イタコを通じてその声を聞く。

また本書で五来は、いわゆる仏教や神道は「人為的につくりあげた成立宗教」で、その結果、「だんだんと理屈っぽくなって、教理をもったり、教団をつくったり、教祖を立てたり偶像化したりするようになる」と批判する。背景にあるのは「教団があって教祖がある」という西洋由来の宗教イメージであり、日本宗教には本来不要だという。五来は感覚的・感情的に宗教と関わる庶民の姿を描き出したのだ。

近代仏教研究者の碧海寿広《おおみとしひろ》は、五来の庶民像が時として過度に理念化されていることを指摘する。確かに五来の語る庶民は、あまりに無知無学で困窮し切っている。だが碧海は、五来が庶民仏教の身体的・行為的な次元に注目したことを評価してもいる（「仏教民俗学の思想─五来重について」）。つまり、知的に信じるものとしてではなく、半ば無意識に実践される宗教に光をあてたのだ。

こうした五来の視座は、現代宗教を論じる際の導きの糸になる。統計数理研究所は、一九五三年以来、五年ごとに「日本人の国民性調査」を行ない、毎回、宗教について同じ質問をしている。「宗教についておききしたいのですが、たとえば、あなたは、何か信仰とか信心とかを持っていますか？」というものだ。回答者は「もっている、信じている」か「もっていない、信じていない、関心がない」の二つから選択する。

結果は、常に「もっている、信じている」が三割程度、「もっていない、信じていない、関心がない」が七割前後である。しかし、「信仰」や「信心」を別の言葉にすると反対の結果になる。「それでは、いままでの宗教にはかかわりなく、『宗教的な心』というものを、大切だと思いますか、それとも大切だとは思いませんか？」という問いには、常に七割前後が

「大切」だと回答するのである。

多くの日本人にとって、宗教は信じるものではないが大切なのだ。教理や教義といった理屈を言われても違和感がある。だが、「宗教的な心」というゆるい表現で聞けば肯定する。宗教が知的信仰ではなく、気分や情緒に関わる実践として捉えられているのである（詳しくは拙著『宗教と日本人―葬式仏教からスピリチュアル文化まで』をご高覧頂ければ幸いである）。

本書で、五来は自身が巻き込まれた葬式仏教論争を取り上げている。作家の真継伸彦が、本来仏教は霊魂を想定しないので、靖国神社に英霊を祀ったり、僧侶が葬式を行ったりするのはおかしいと批判したのに対し、五来は、庶民にとって「霊魂の実在は自明」であるから、日本仏教が葬式を行うのは当然だと反論したのだ。

おそらく現代の日本人にとって、霊魂の実在は五来が言うほど自明ではない。各種調査によれば、死者が極楽浄土や地獄に行くと信じている人や、生まれ変わりを信じる人は少数だ。しかし、五来の時代よりもはるかに葬式仏教批判が高まり、樹木葬や直葬といった選択肢が増えた現在も、依然として葬儀の約九割が仏式で営まれている。また、地域の神社の祭礼に参加するのは当然のように感じられるし、旅先で御朱印を集めたり、パワースポットめぐりをしたりする。実に豊かな宗教実践が見出せるのだ。

現代日本人は五来が語るほど無知無学ではないし、大多数が絶対的貧困に喘《あえ》ぐわけでもない。だが、多くの日本人は忙しなく必死に日々を暮らし、宗教の教義や教理に知的関心を払う暇がない。その点は、今も昔も変わらないはずだ。形を変えつつも、実践として宗教に関わる庶民的な宗教との関係性は現代にも見出せる。そして、そうしたゆるやかで可視性の低い裾野を広げる日本宗教を考える際、五来の宗教民俗学は重要な出発点となるのである。

（北海道大学大学院メディア・コミュニケーション研究院准教授）

KODANSHA

本書の原本は一九九四年、角川書店より刊行されました。

五来　重（ごらい　しげる）

1908–1993。茨城県久慈町（現・日立市）生まれ。東京帝国大学印度哲学科，京都帝国大学史学科を卒業し，高野山大学教授，大谷大学教授を務めた。文学博士。専攻は仏教民俗学。『高野聖』『仏教と民俗』『円空と木喰』『山の宗教 修験道案内』『踊り念仏』『葬と供養』『善光寺まいり』『熊野詣』『石の宗教』『日本の庶民仏教』など著書多数。

講談社学術文庫

定価はカバーに表示してあります。

日本人《にほんじん》の死生観《しせいかん》

五来《ごらい》　重《しげる》

2021年10月12日　第１刷発行

発行者　鈴木章一
発行所　株式会社講談社
東京都文京区音羽 2-12-21 〒112-8001
電話　編集（03）5395-3512
販売（03）5395-4415
業務（03）5395-3615
装　幀　蟹江征治
印　刷　豊国印刷株式会社
製　本　株式会社国宝社
本文データ制作　講談社デジタル製作

ISBN978-4-06-525749-4

「講談社学術文庫」の刊行に当たって

これは、学術をポケットに入れることをモットーとして生まれた文庫である。学術は少年の心を養い、成年の心を満たす。その学術がポケットにはいる形で、万人のものになることは、生涯教育をうたう現代の理想である。

こうした考え方は、学術を巨大な城のように見る世間の常識に反するかもしれない。また、一部の人たちからは、学術の権威をおとすものと非難されるかもしれない。しかし、それはいずれも学術の新しい在り方を解しないものといわざるをえない。

学術は、まず魔術への挑戦から始まった。やがて、いわゆる常識をつぎつぎに改めていった。学術の権威は、幾百年、幾千年にわたる、苦しい戦いの成果である。こうしてきずきあげられた城が、一見して近づきがたいものにうつるのは、そのためである。しかし、学術の権威を、その形の上だけで判断してはならない。その生成のあとをかえりみれば、その根は常に人々の生活の中にあった。学術が大きな力たりうるのはそのためであって、生活をはなれた学術は、どこにもない。

開かれた社会といわれる現代にとって、これはまったく自明である。生活と学術との間に、もし距離があるとすれば、何をおいてもこれを埋めねばならない。もしこの距離が形の上の迷信からきているとすれば、その迷信をうち破らねばならぬ。

学術文庫は、内外の迷信を打破し、学術のために新しい天地をひらく意図をもって生まれた。文庫という小さい形と、学術という壮大な城とが、完全に両立するためには、なおいくらかの時を必要とするであろう。しかし、学術をポケットにした社会が、人間の生活にとってより豊かな社会であることは、たしかである。そうした社会の実現のために、文庫の世界に新しいジャンルを加えることができれば幸いである。

一九七六年六月　　　　野間省一